I'M 我是歐普拉 OPRAH

從貧民到百億天后的關鍵信念

I always knew I was destined for greatness.

我就是知道我一定會變得偉大

目次

Part 02 我用幽默征服世界

Part 03 我時刻都在夢想著成功的樣子

Part 04 其實我這麼努力

Part 05 愛情不是一切，愛才是

編輯序

歐普拉，是美國夢的最佳代表。她出生於美國密西西比州的一個貧民窟，九歲的時候被表哥性侵、十四歲未婚懷孕但於當年流產……，在我們的認知裡，這個故事接下來的延續大概會是這樣子：「漸漸的，她染上了毒品，並為了買毒品開始出賣自己的肉體。在貧民窟裡挨餓受凍，過著有一餐沒一餐的生活……，某一天的清晨被發現她已經凍死在某一個街角。」

但，歐普拉，她的故事接下來是這樣子的：「十六歲被選為第一位『田納西州黑人小姐』，十七歲獲得在田納西州立大學上學的獎學金，二十二歲在巴爾的摩的WJZ-TV電視臺當記者和晚間新聞節目的聯合主持人，三十二歲主持『歐普拉•溫芙蕾秀』，四十四歲被《時代》周刊稱她為『20世紀最具影響力人物』，四十九歲成為美國第一位黑人億萬富翁，五十八歲成為富比世雜誌的美國最有影響力名人榜榜首。」

不禁讓人想問，為何在貧民窟出生的人這麼多，卻只出現一個歐普拉？我們可以從她常講的一句話：「I always knew I was destined for greatness.（我就是知道我一定會變得偉大。）」稍微窺探到她對於自己的那份強烈自信及期許，而歐普拉在衛斯理女子學院（Wellesley College）畢業典禮演講時說過，「你這一生將會受傷很多次，你會犯錯，有些人會稱之為失敗，但我發現失敗其實是上帝的話語，他是說『抱歉，你走的方向錯了』，那只是個經驗，失敗是一種經驗。」

因為她對自己的那股無人媲美的自信和勇於接受挑戰的勇氣，讓她一路披荊斬棘，從貧民戶變成百億媒體女王……，越困難的事情需要做的事情反而會越簡單，只要有勇氣、毅力和自信。歐普拉堅信持續你最大的熱情，並且不斷的堅持和努力，你一定能夠達到任何你想達到的目標。為了更璀璨的明天，讓我們效法歐普拉的精神，相信自己，相信你的能力，認真過你想要的生活！

大喜文化編輯部　敬上

PART 01

你的定位，決定你的職位

你的想法決定你的成就

歐普拉高中畢業後，一面就讀大學一面在廣播電臺打工。西元一九七三年，她在尚未完成大學畢業的情況下，接下巴爾的摩的工作機會。她在巴爾的摩（Baltimore）大顯身手，成為受歡迎的節目主持人。但西元一九八四年，工作正順利的歐普拉，接受來自芝加哥的工作機會，毅然決然地離開巴爾的摩。「我實在不願意離開，但是為了之後的發展我必須這樣。我的目標是將來能在全國排名前十大的電視臺做主持人。」歐普拉說。歐普拉的同事蓋爾•喬伊絲回憶，當她看到歐普拉具有這種前瞻性眼光，不禁目瞪口呆，非常驚歎。她滿懷羨慕之情，對歐普拉讚不絕口，祝她好運。歐普拉則說：「我只不過是走運……在對的時候出現在了對的地方。」

正是因為定位的不同，歐普拉才毅然決然地離開了原來的工作崗位。實際上，一個人成就的大小在某種程度上取決於自己對自己的評價，這種評價有一個通俗的名詞——「定位」。在心中你給自己的定位是什麼，你就是什麼，因為定位能決定人生，定位能改變人生。

有一個乞丐站在地鐵出口賣口香糖，一名商人路過，向乞丐杯子裡投入幾枚硬幣，匆匆而去。過了一會兒，商人回來取口香糖，說：「對不起，我忘了拿口香糖，因為你我畢竟都是商人。」

在商人把乞丐看成商人的那一天，乞丐猛然意識到，自己不只是一個乞丐，更重要的是，自己還是一個商人。於是，他的生活發生了很大的轉變，他開始賣一些在市場上受歡迎的小商品，在累積了一些資金後，他買下一家雜貨店。由於他善於經營，幾年後已經是一家超級市場的老闆，並且開始考慮開幾家連鎖店。

定位於乞丐，你就是乞丐；定位於商人，你就是商人，不同的定位成就不同的人生。故事中的乞丐一開始並沒有意識到自己還有另一重身分，他只是把自己定位於一個接受別人憐憫和施捨的乞丐。直到那一天他遇見了商人，商人的一句話點醒了他，從此，他找到了新的定位，於是，他擺脫了乞丐的宿命。

拿破崙說過「不想當將軍的士兵，不是好士兵。」我們對自己的定位其實就決定了你的地位。你想成為什麼樣的人，就必須以這樣的人的姿態去生活，假如你不敢表現自己，那麼你也不可能獲得那樣的地位。一個人的定位往往決定著成就的高低，想成就什麼樣的人生，想做什麼樣的人，就奔著那個方向去努力。

方向對了，就容易獲得成功。

想成功你要先知道努力的方向

談到對歐普拉的印象時，活躍於美國電視圈的喜劇演員吉米•諾頓（Jimmy Norton）說：「我覺得人們以為她是那種『是的，長官。不，長官』類型的人。你知道，就是永遠乖乖聽命的那種，但是她根本不是那樣，她很有動力，從一開始我就看出來了。當時我們在為黑人歷史週做公共服務。製片人能力不夠，於是歐普拉馬上插手，將所有工作接管了過來。她把製片人往旁邊一推，指揮攝影師幹這個幹那個，並親自做決定。那次真是讓我大開眼界。這個姑娘明白自己想要什麼，而且願意做任何事情去實現她的目標。」

某位哲人說過：「人生有限，應該把有限的感情留在最應該使用的地方。」我們如果沒有遇到真正熱愛的職業，就很難用心去做，只是用自己的腦子和智力在謀生。如果我們熱愛自己這份職業，就會投入熱情，可以激發自己的興趣，擁有持久的力量。

所有人都希望自己的事業也可以閃耀輝煌。人生有限，那些最該珍惜的才能，都不應該被歲月埋葬。好好努力，慢慢尋找，找到適合自己的方向，找到那個生命中真正屬於自己的位置，找到了屬於自己的真實而璀璨的人生。

我們每個人身上都蘊涵著一份特殊的才能，只要我們能夠找到自己內心裡的「寶藏」，找對自己的奮鬥方向，努力去挖掘，勇敢去嘗試，那麼，我們就能夠取得令人稱讚的成績。

美國首屈一指的個人成長大師布萊恩・崔西（Brian Tracy）曾經這樣說過：「成功等於目標，其他都是這句話的註解。」其實，一個人要想成就一番事業，就應該有一個明確的奮鬥方向。沙漠中沒有方向的人只能畫地為牢而無從知返，生活中沒有目標的人只能無聊地日復一日過著平庸的生活。對生活中的人來說，新生活是從選定方向開始；而對奮鬥中的人來說，成功的起點從確定目標開始。

民國三十八年，王貫英追隨政府來臺，每日踩著三輪車，拾荒搜集廢紙，以極微薄的收入，將平日積蓄成立清寒獎學金，受益不少學子。他說：「人生在世，要做有意義的事，服務他人」，就是這樣的人生哲學，支持他歷盡多少寒風酷暑，拾荒救國。

「樹的方向，由風決定，人的方向，由自己決定。」每個人出生的時候，上天都在他的心中放了一塊無價之寶。寶貝若是放錯了地方便是廢物，所以請一定要找到你的長處，經營你的優勢，靠自己去搜尋人生的寶藏。

站的最高才能看的最遠

歐普拉對於自己的職業發展道路有十分清晰的規劃：「脫口秀節目初期，我會和觀眾進行交流，還會和製片人談論第二天的節目，仔細查看夜間的收視率。我制定好計畫努力向前，想建立一個耗資一千萬美元的錄影棚，我得從百萬富翁發展成商業巨頭。我還不停地去爭取電影角色，因為我將成為一名偉大的演員。」

有句話說：「只會夢想注定失敗，懂得規劃才能成功」，歐普拉喜歡做夢，同時也知道一步一腳印的道理，她非常清楚為了實現夢想自己必須做些什麼，善於制定計劃然後穩步向前。

我們要善於為自己制定目標，一年後、三年後、五年後要過著什麼樣的生活，例如一年後，要賺夠錢租一間更大的房子，讓自己逃離「蝸居生活」；五年後存夠錢去買自己的小窩……。先制定一個可以透過努力達到的目標，一旦嘗到了成功的滋味，便會沉浸在這種努力實現目標的狀態之中。確立目標，努力才有了起點。不甘做平庸之輩的人，必須要有一個明確的追求目標，才能激發自己的智慧和精力。

生活中我們常常聽到有人說：「我這麼聰明，將來一定做大事的，你們就等著瞧吧，等我有錢了，請你吃大餐，再給你們每個人買幢房子！」言語之間，躊躇滿志，彷彿自己已經功成名就。當別人問他憑什麼能成就大事的時候，他們會振振有詞地說：「知識就是力量，智慧就是財富，我是美貌與智慧並重，仁愛與俠義的化身——宇宙無敵超人，我怕誰？」

白日夢誰都會做，關鍵是要有所行動，白日夢不能當飯吃，你要想獲得你想要的東西，你就得有實實在在的成績，如果光是有想法就能成功，那世界上豈不人人都是億萬富翁了。

日本有一本健康暢銷書《不生病的生活》，作者是新谷宏實。小時候他的母親勉勵他成為「像野口英世般的醫生」。所以他為自己規劃了一個「充實而長久」的人生，最後還把他的心得寫成書與世人分享，發揮了救世濟人的醫德。管理學大師彼得．杜拉克（Peter Ferdinand Drucker）曾說：「期待愈高，表現愈好。」而這正是人生規劃的精神所在。

規劃與行動和夢想同樣重要，三者缺一不可，要會做夢也要會築夢。

打造特色才能完美定位

有一天早上，歐普拉的節目請來一對腦袋連在一起的三十二歲連體姊妹當來賓。他們談到共同生活中經歷的一切。歐普拉被對話吸引了，她開口問道：「假如在晚上，你們其中一個想去上廁所，另一個也得跟著去嗎？」現場觀眾一聽，差點從座位上摔下來。

歐普拉很快就發現最適合自己的定位就是「觀眾的鄰居」：「我老是對其他人的事說三道四，這是我最擅長的事情。我的表演能力終於派上用場了。在表演的過程中，你往往會失去個性，而去迎合你所扮演的角色的需求。脫口秀節目也是一樣。……我利用自己的表演天賦盡最大可能，去帶動來賓的積極性。」

歐普拉後來在西元一九九五年時提到，「我一向分得很清楚，我有不做的事。在我工作生涯早期，比較關心的是不做會造成傷害的事。……現在我比較關心的是利用我的生活、我的節目，來表達真正關懷的訊息。我認為牽涉到感情面、經濟面、精神面、生活的精神動力對我來說，才是重要的。」

歐普拉從小就知道，想要脫穎而出，必須獨具特色。在兩個人搭檔主持的節目中，她不是模仿前輩的主持風格，而是另闢蹊徑，充分發揮自己的特色。她把自己定位成「觀眾的鄰居」，這種親切而又八卦的風格立刻贏得了觀眾的喜愛。

歐普拉曾和李察．蕭（Richard Sher）一起搭檔主持電視節目《大家談》。比起傾向於請商業巨頭兼政客的李察．蕭，歐普拉更喜歡電影明星，搖滾歌星，問的問題也和搭檔不同。她很喜歡逗樂，跟觀眾互動也很頻繁，有一次竟然請觀眾上臺跳舞。

因為歐普拉深知脫口秀是自己最拿手的工作，在以後的主持生涯中也繼續得以發揚光大。可見，定位對於一個人來說是至關重要的，定位不同，表現就不同，有定位才會有特色，只有明確自己的定位，才能不受別人的影響，發揮出自己獨有的風格，否則，你就容易被別人掩蓋、甚至被別人取代。

我們每個人在工作中都要學著給自己定位，明確自己在工作中要扮演一個怎樣的角色、成為一個什麼樣的人，然後按照這個定位去實現自己。

我不需要虛幻的掌聲和鮮花

「電影處女作《紫色姊妹花》讓我超越了日間電視節目的主持領域，曾經批評我的電視評論家們都開始尊敬我，他們不再把我放到娛樂版面了，我的照片被放在標題版，上面滿是溢美之詞。但我卻不願意再參加電影演出了，我深知電影是一種特別的東西，我還沒達到某種水準，能像之前一樣淋漓盡致地表達自己。」歐普拉說。

歐普拉有自己的人生方向，因此不會一味地跟著環境在轉，盲目追逐是人生最悲哀的事。人生有自我存在的價值，選定了人生的方向，知道自己該要什麼不該要什麼，這樣才不至於迷失。

確立人生的方向是人一生中最值得認真去做的事情。你不僅需要自我反省、向人請教「我是什麼樣的人」，還需要很清楚地知道「我究竟需要什麼」，包括想成就什麼樣的事業、結交什麼樣的朋友、培養什麼樣的興趣愛好、過一種什麼樣的生活？這些選擇是相對獨立的，但卻是在一個系統內，彼此相呼應，進而共同形成人生的方向。

全球第四大、亞洲第的大平價服裝品牌優衣庫（Uniqlo）的創辦人柳井正，是日本史上首位靠賣平價服裝登上日本首富的人。他這樣評價自己：「我只給自己打七十分。……七十分只是及格，我的目標是一百分，但我永遠看不到一百分的樣子！」柳井正在接受《商業周刊》專訪時強調：「大部分的人，會把一點點小成功當成勝利，因為他們的標準非常低。」為了避免被小成功沖昏頭，柳井正隨時警惕自己：「成功一日就可捨棄！」

人生是一段旅程，方向很重要，每個人都可以掌握自己人生的方向。找到人生方向的人是最快樂的人，他們在每天的生活中體驗這些，追求一種能令他們愉悅和滿意的生活，他們的生活是與他們所嚮往的人生方向是一致的，對人生方向的追求使他們的生命更加有意義。

人生的方向也是人生的哲學。在追求自己的人生方向過程中，應不斷地作出總結。這並不是說你正處於一個人生的危急關頭，不得不在你未來的目標和你的職業道路之間做出一個選擇，而是從一開始就給自己選定人生的方向，這才是最關鍵的人生問題。

歐普拉紅透半邊天之後，總有小報追逐著她不堪的過往。對此，歐普拉自有一套應對方式，可以稱得上水來土掩、兵來將擋，沒有什麼能夠阻擋歐普拉對未來的嚮往。歐普拉的未來只有自己說了算，任何人都不能阻擋她的輝煌。於是，最終，歐普拉將童年中的種種苦難掩埋在榮耀的陰影下，愈來愈多的人在意她的成就，她的輝煌抵消了以往的不堪。

一切都操之在己

從兒時是否與白人交友，到青年時期是否出讓選美冠軍第一名的頭銜，到如何進軍脫口秀節目，再到後來掌控每一個節目的節奏與內容。一路以來，歐普拉憑藉自己強大的操控能力，完美的主宰了自己的前半生，不僅如此，她甚至主宰了觀眾們的喜怒哀樂。她就是有這樣的本領，在節目裡，她想讓人們笑，人們便笑，想讓人們哭，人們便哭。

生活在同一個世界，為什麼有的人一呼百應，有的人卻形單影隻？為什麼有的人能讓別人心甘情願地為自己賣力，有的人卻經常孤立無援？為什麼有的人在人際交往中左右逢源，有的人在人際交往中卻四處碰壁？為什麼有的人能成為談判高手，有的人卻在談判桌上屢戰屢敗……。

這些如魚得水、百戰百勝的高手們到底有什麼祕訣呢？這個祕訣不在於他的智力，而是他的情緒智商。美國哈佛大學教授、著名心理學家也是情緒智商之父的丹尼爾．戈曼（Daniel Goleman）曾說：「使一個人成功的要素中，智商作用只佔百分之二十，而情緒智商作用卻佔百分之八十。」在哈佛一直流傳著這麼一句話：「智商決定你是否錄用，情緒智商決定你是否晉升。」一份有關調查報告披露，在電信界最具創造性的研發機構——貝爾實驗室（Bell Laboratories）中，頂尖人物並非是那些智商超群的知名大學畢業生。相反地，一些智商平平但情緒智商甚高的研究員往往能以其豐碩的研究成績成為明星。其中的奧妙就在於，情緒智商高的人更能適應現在激烈的社會競爭。與社會交往能力差、性格孤僻的高智商者相比，情緒智商高者可以敏銳瞭解他人情緒、有效控制自己，與周圍的人和環境保持良好的關係。

因此，運用高情緒智商策略掌控別人，借助他人之力強大自己，才能獲得更多的機遇。

Doing the best at this moment puts you in the best place for the next moment.
在當下盡你所能做到最好，
下一次才能（為自己）取得最佳位置

你一定要學會控制你的情緒

美國《婦女家庭》（Lady's Home Journal）雜誌的前任編輯米蘭娜・布萊斯（Myrana Blyth）曾說：「控制能力在歐普拉看來至關重要。有一次，我們請她為我們拍攝封面照片，她堅持要自己選攝影師，這並不罕見，很多名人都這樣做，然而拍完後歐普拉並不喜歡那張照片，因此她選了另外一名攝影師為她再拍一次，我們還是答應了她的要求，儘管費用很昂貴。」在採訪中歐普拉告訴《婦女家庭》雜誌，她堅決要掌控自己工作生活的每個方面。「有時候出門都得我來選擇路線，我堅信自己知道最佳路線。……和我這樣的人交往可能有一點困難，因為我歲數愈大，就愈強硬。但由於我掌控自己生活中這麼多事情，場面才不會失控。」

歐普拉如此看重控制力，可見她深知操控的重要性。操之在我，是自我情緒管理的技巧。這是指一個人要能夠控制自己的情緒，不受制於人，不為環境因素所左右。

人的情緒會受到眾多因素的影響，例如他人的一言一行、環境氣氛、天氣情況、身體狀況、個人想法等等。他人的惡言惡語、不良的環境氣氛等外部因素不能直接決定一個人的情緒，而是透過影響人的觀點、看法等情緒內在因素而間接影響到人的情緒表現。這就是為什麼處於相同環境中的兩個人，一旦被他人用同樣的方式傷害時，會有不同情緒的原因。

有位哲人曾經說過：「做情緒的主人，駕馭和把握自己的方向，使你的生命按照自己的意圖提供報酬。記住，你的心態是你——而且只是你——唯一能夠完全掌握的東西，學著控制你的情緒，並且利用積極心態來調節情緒，超越自己，走向成功。」所以，我們要操之在我，完全把握自己的情緒。遇到外部刺激時，主動激勵自己使用積極的思維，保持輕鬆、愉悅的心情，使得自己的情緒不被別人所左右。

有時候，我們沒辦法改變已發生的不幸，可是如果我們有能力做自己情緒的主人，把我們的精力放在盤算自己所得的恩惠，以及我們擁有的東西上，就比較能讓自己的生活過得更平安、更快樂。有些時候，要做情緒的主人，可是非常不容易的事。所以我們要想辦法克服困難，練習掌握自己的情緒，往往就能在人生的轉捩點上，轉出一條康莊大道。

掌控自己的情緒，不被別人所影響，才有影響別人的資本。

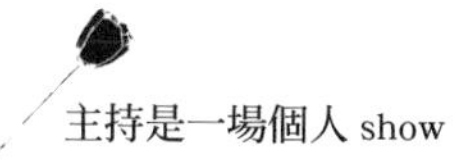

主持是一場個人show

作家布雷爾・薩博（Blair Sabol）上過歐普拉的節目，在節目開始之前、錄製期間和結束後都曾和歐普拉談過幾次，他看到了她鏡前鏡後的差別。「歐普拉在鏡頭前竭盡全力展現自己，幾乎毫無保留。但她本身有些冷酷、冷漠；她喜歡大笑，而實際上她並沒那麼風趣。我非常喜歡她，因為她是女孩子中的極品。儘管你在電視上看到她溫和、深情，事實上這只是一種表演。本人和表演的角色之間總是隔著一層冰。」

很少有人知道，歐普拉其實在鏡頭前和鏡頭後差別非常大，一看到鏡頭，她馬上表現得充滿魅力，又熱情又風趣。但是一下了臺，歐普拉就會特別安靜，舞臺上的她非常討人喜歡，但臺下卻看上去感情一點也不豐富，不張揚，十分溫和。

作家帕克斯頓・圭格麗（Paxton Quigley）也發現歐普拉在現實生活中並不是像鏡頭前那麼誇張的熱情活潑，甚至有點冷漠。「她只有在上鏡時才會顯得生機勃勃……來賓更希望歐普拉本人就像電視上看到的那樣，溫和、快樂。事實上她卻根本不是這樣……而且一點兒都不是。」

歐普拉幕前幕後的這種差異實為工作所需，為了適應工作的需要，她練就了高超的「演技」，能夠自如地轉換自己的性格。其實很多工作都需要這種能力。比方說一個經常扮演憂鬱敏感的角色的演員，私下裡卻是個活潑開朗的人，當然也可能相反；再比如一個做銷售工作的人，下了班立刻變身宅男宅女也不是沒可能。如果你現在所處的環境，需要你做的事和自身的性格並不相符，那麼就要去後天「製造」一種個性去適應周圍的環境。

身為一個社會人，每天都必須擔當許多不同的社會角色。在扮演不同角色的時候，我們需要切換不同的情緒來應對。這時，就需要為我們的情緒準備三個「抽屜」：在辦公室裡，打開專業的抽屜；回到家中，打開愛的抽屜，專注於家人身上；工作和家庭即使再忙，也別忘了給自己留些私人空間，這時就打開屬於我們自己的抽屜。

當然人的性格不是那麼容易改變，但我們可以針對不同場合加以不同的包裝。就好比平時不喜歡化妝打扮的女孩去到正式的酒會也要穿晚禮服高跟鞋一樣。

只要在對的時間地點展現出對的自己，那麼「換個面具」又有何妨呢？

有時候你會需要一張面具

歐普拉的出身和經歷影響了她的性格，她不可能時時刻刻都像鏡頭前那樣活力四射，那樣信心十足。她的節目在全美國走紅後，她還堅持控制自己的人際關係和形象。

歐普拉覺得應該呈現給觀眾一個開放、熱情、愜意的自己，並將冷酷、精明、封閉的一面隱藏起來，因此總是展現自己富有魅力的一面。觀眾很少能感受到歐普拉這種截然不同的兩種形象，他們只看到了她的表演才能。她說：「取悅別人是我的目的。我要贏得大家的喜愛……甚至那些不喜歡我的人也一樣。」

很多人覺得，一說到面具，就容易想到「虛偽」、「醜惡」等負面的詞彙，他們認為做人一定要「表裡如一」，人前人後一個樣，不然就是虛偽。這是一種片面的看法，其實「面具」本身並不是一個貶義詞，每個人都有一個人格面具。

分析心理學創始鼻祖，瑞士心理學家榮格（Carl Gustav Jung），是心理學界首位深入剖析「人格面具」這個概念的學者，他認為面具是展示給他人看的「人格公開的自我」，是一種自我保護行為，人們總是不願意展現出自己人格的某一部分，將真實的自我隱藏在面具之後。由於種種原因，人們總是不願意展現出自己人格中內隱的部分，而隱藏面具背後真實的自我。所以，人類擁有人格面具是一種與生俱來的本能，完全不受人格面具制約的人是很少見的。

現代社會的激烈競爭決定了我們必須具有多種角色，才能適應緊湊節奏的工作和生活。俗話說到什麼山唱什麼歌，我們不需要為了做一個真實的人而固守一種「面目」，要適當學會「變臉」才是明智的。現代社會中，戴上人格面具不但不是虛偽，更是十分必要的。人與人之間必然有很多觀點、立場和習慣的差異，如果每個人都以「真面目」示人，就很容易產生衝突，必要的「偽裝」保證了我們能夠與他人，特別是與那些我們並不喜歡的人和睦共處，得到更多的社會認同。

我們每個人在社會生活中都要扮演很多不同的角色，在父母面前，我們是孩子；在孩子面前，我們是父母；在上級面前，我們是下屬；在下屬面前，我們是主管……因此，我們的面具也可能不止一個。無論是什麼面具，目的都是一個——適應特定的社會環境，保護自我。

若不戴面具，反而會影響你的人際關係，以及生活品質。

留給自己一個人放鬆的時間

愛琳・所羅門（Eileen Solomon）是歐普拉主持《大家談》（People are talking）時的監製，她跟大家解釋了歐普拉鏡前鏡後為何差別這麼大，她認為這只是一種表演。愛琳・所羅門提到：「要我說，這主要顯示了她的主持才能。他們總是把最好的一面都留在鏡頭前，歐普拉就是這樣。一下臺，她就特別安靜，儘管她非常討人喜歡，但感情一點都不豐富。」

有時，觀眾也會領略到歐普拉截然不同的兩種形象。有些人期待在臺下也能看到同樣溫和、直率的歐普拉，這讓他們感到有一點不安。曾經與歐普拉合作主持節目的菲爾・麥克格勞（Phil McGraw）博士說：「幾年前，我曾參加過她的一次帶狀節目。插播廣告期間，魅力四射的歐普拉突然變得毫無姿色。鏡頭轉移過來前，歐普拉對我們這些觀眾一點興趣都沒有。一看到鏡頭，她馬上就表現得非常棒，又熱情又風趣，但只有在鏡頭前是這樣。」

歐普拉一方面善於在鏡頭前展示自己熱情洋溢的一面，同時她也不曾忘記，當她和自己獨處的時候，就卸下偽裝，放鬆地做回自己，不再去管別人的眼光和議論。

一條橡皮筋不論再如何強韌，都不可能承受持續性的拉扯，在持續拉扯之下，橡皮筋只會彈性疲乏甚至斷裂，而做人做事也是如此。

所以要想在現代社會游刃有餘，便要在緊張的生活中，為自己安排放鬆的時刻。這種放鬆的時刻並非是像忙碌一陣後才偶爾去度個假那樣，而是要融合在日常生活之中，也就是每天或至少每週撥出一個時段讓自己可以輕鬆自在地做自己想做的事情。

我們很多時候因為忙碌，因為各種事情的困擾，我們每天從早到晚的工作，沒有自己的時間，我們沒有給自己心靈對話的時間，或者讓自己的心靈完全出於一片空白。靜靜地去聽一首喜歡的音樂，安靜的，或者大笑或者大哭著看完一場電影，簡簡單單的去野外欣賞大自然的美景，或者只是安安靜靜地坐著，什麼都不想，都不做，又或者週末去除所有忙碌，為自己煮一壺咖啡，愜意地坐在窗前曬著太陽。

這樣的日子會讓自己心情非常的愉悅，我們不必為了學英語去看英文電影，或者為了學習某些東西去看一些書，只是很簡單的，很享受的信手拈來一本自己喜歡的書，很隨意地翻看著。

總之別忘了，留一些時間給自己。

要把品牌掌握在自己手上

歐普拉曾說「如果我失去了對於公司的控制，那麼我就失去成為我自己的機會」，成立哈波娛樂公司（Harpo Entertainment，編按：把 Oprah 倒過來唸就變成 Harpo。）後，歐普拉一直拒絕使自己公司的資訊公開化。而在品牌授權方面，歐普拉的拒絕則表現得更為堅定。歐普拉成名之後，食品製造商、服裝設計師、香水製造商、書籍出版商等等蜂擁而至，希望得到「歐普拉」這個品牌的使用權，但歐普拉都一一謝絕了。

歐普拉深知，如何有效的控制內容與生產是公司最大的挑戰。因為對於哈波娛樂公司來說，歐普拉本人不僅僅是公司的執掌者，更是公司最大的產品。

有句格言說：「你必須知道，人們是以你自己看待自己的方式來看你的。你對自己自憐，人家則會報以憐憫；你充滿自信，人們會待以敬畏；你自暴自棄，多數人就會嗤之以鼻。」你積極控制自己，拒絕受制於人，就是看得起自己，別人也就看得起你，願意被你影響。

其實，人人都有控制自己命運的能力，這些受制於人者總是持有消極的態度，允許或期望他人控制自己，喜歡一切聽從別人安排，因而在這樣的情況下，他們失去了控制命運的能力，因此也無法避免失敗的厄運。如果你不想受制於人，那就要積極主動地控制自己，把他人給你的負面能量轉換成正面的能量和動力，掌握自己的命運，成就更強大的你。

主動控制自己是一種操之在我的精神，反映在人的思維、行動以及整體的氣質面貌上，它能促進人的潛能開發，能激發掌控自己命運的能量，還能大幅提升自己的影響力。想操之在我而非受制於人，就要學會控制並把握自己的心情，自信、積極、獨立、樂觀、勇敢、熱愛生活，並且面對未知認真思考，適應變化，將危機化為希望，不受他人的干擾和影響。

被公認是紅地毯上的最佳倩影，出席活動往往令人驚豔的藝人舒淇，在捲入一件風波之後的表現，被媒體譽為「高EQ」。舒淇說，「我有個好處，傷心難過絕不超過十分鐘。……我從小就是這樣，遇到問題與其擔心煩惱，不如想盡辦法解決。……回頭看看，我發現心態很重要。心態對，就會走上對的路。」

把生活掌握在自己的手中，變成生活的主宰者吧！

沒機會表現，那就去創造機會

歐普拉從小就是個願意展現自己的孩子。老師埃斯特斯夫人（Mrs. Esters）說她很早熟，很早就學會走路說話。「她總是想吸引大家的注意力。」歐普拉三歲的時候就能在眾人面前背誦《聖經》裡的故事了，這讓與歐普拉外婆一起參加鄉村集會的人印象深刻。

歐普拉曾這樣說：「我會站在外婆眾多朋友面前，開始背誦我記住的那些故事。我不管去哪裡都會說：『你想不想聽我背兩句啊？』」這種不懼於在人前表演的天賦幫了歐普拉很大的忙，她好像生來就是要站在鏡頭前，站在鎂光燈下，站在人前展示自己的魅力。

歐普拉這種強烈的表現欲無疑是促成她日後成功的一個重要因素。俗話說：「酒香不怕巷子深。」這話只適合過去，如今是酒香也怕巷子深了。一個人無論才華如何出眾，如果不善於把握，那他就得不到伯樂的青睞。所以人需要自我表現，而且自我表現時必須主動、大膽。如果你自己不主動表現，或者不敢大膽地表現自己，你的才能就永遠不會被別人知道。

在電影《亂世佳人》（Gone With the Wind）中扮演女主角郝思嘉（Scarlett O'Hara）的費雯麗（Vivan Leigh），之所以能夠因此片而一舉成名，就是因為大膽地抓住了自我表現的良好機遇。當《亂世佳人》開拍時，女主角還沒有確定下來。有一天晚上，剛拍完外景，製片人大衛又愁眉不展了。突然，他看見一男一女走上樓梯，男的他認識，那女的是誰呢？只見她一手扶著男主角的扮演者，一手按住帽子，她居然把自己扮成了郝思嘉。大衛正納悶時，突然聽見男主角大喊一聲：「喂！請看郝思嘉！」大衛一下子震住了：「天呀！真是踏破鐵鞋無覓處，得來全不費工夫。這不就是活脫脫的郝思嘉嗎！」費雯麗就是利用「展現自我」而雀屏中選。

事實就是這樣，你的表現得到認可之時，就是機遇來臨之時。請務必記住一點：瞭解你才能的人愈多，你的機遇就會愈多。

請投偉大的歐普拉一票

高中時期，歐普拉是學校裡第一位競選學生會副主席的黑人學生。她大膽地毛遂自薦，在競選宣傳單上寫了：「給你的生活增添一點色彩！請投偉大的歐普拉一票。」還邀請同學參加她精心準備的派對。她的同學說道：「這就表示她很有自信，決心贏得大家的認可。」歐普拉高中時期非常活躍，很快被獲選副班長、學生議會的主席，以及話劇社和全國法庭辯論聯盟的主席。同時也獲選為「全校最受歡迎的女孩」。

歐普拉的一生都不曾邂逅星探，每一次在舞臺上展露鋒芒，都源自她在關鍵時刻敢於毛遂自薦，主動推銷自己。歐普拉很有推銷自己的一種才華。開始的時候歐普拉在推銷自己，後來的時候歐普拉推銷的是自己的口才、表演技能，再到後來，她推銷的是他人身上的真、善、美，是這世上的愛。

歐普拉是一塊會發光的金子，但她絕不會允許自己深埋泥沙之中。雖然是金子就會發光，但至今沒有被人們發現的金子也有的是。早一天被發現，就早發光；晚一天被發現，就晚一天發光；不被發現，自然永遠發不了光。歐普拉深知此道。所以她總是表現出最活躍最積極的那一個，無論成敗如何，先把自己推銷出去，讓人們看見我，認識我。

全球知名的成功勵志大師拿破崙．希爾曾經寫了一本書《如何在人生中推銷自己》（Selling yourself），這本書開宗明義就提到，每個人總是不斷的對外推銷自己，無論你是誰，或從事什麼職業，每當遇見一個人、向他人解釋、和人通電話或表達自己的觀點時，你就在推銷最寶貴的財富——你自己。這真是一針見血，不管你有多高的學歷，有多麼學問淵博，如果不知道如何把自己推銷出去，那麼你就不會成功，這是不僅是一門學問，更是一種藝術，只有用心的人才能真正學會！

歐普拉的脫口秀節目已經播放了二十幾年，這二十幾年中歐普拉樹立了她堅不可摧的媒體帝國，成為讓世人羨慕的富婆。試想，如果這成功輝煌的一天晚了三、五年才到來，又會是什麼樣的一番景象呢？所以，如果你覺得自己具備金子的潛力，一定不要浪費時間，積極主動的推銷自己，早一天被發現，就能夠早一天施展才華，搶佔先機。

不要老是抱怨自己懷才不遇，伯樂不常有，需要的就是毛遂自薦的千里馬。人生苦短，時間有限，不要再默默的等著被人發覺，主動出擊，亮出你自己吧！

亮出你的王牌，盡量去 show

> 因為參加「一角募捐步行基金會」的遊行，歐普拉去黑人廣播電視臺 WVOL 尋求贊助。電視臺主持人約翰•海德伯格（John Heiderberg）相中她獨特的嗓音和出色的語法，為她錄了一捲朗誦錄音帶，用這捲錄音帶說服管理階層給這個十七歲的黑人姑娘一次接受培訓的機會。
>
> 海德伯格說：「歐普拉是知道自己有能耐的。她並沒有覺得受到任何威脅，一點也不發愁。」

作為萬眾矚目的女王，歐普拉從一開始就沒養成過坐在華麗寶座上等著萬人膜拜的惡習，她積極地遊走製片人、電影、慈善事業之間，全方位展示自己，讓大家看到，歐普拉不僅擁有閃亮的皇冠，不只會發號施令，她還有貨真價實的能力，她值得人們賞識和擁戴。

從第一次和電視節目接觸開始，歐普拉就具備比常人更強烈的表現欲望。她頻繁亮相，頻繁展示自己，儘管樹大招風，總是不經意的遭受妒忌、指責，甚至批判，但歐普拉依然風雨無阻的亮相，show 出自己。

儘管我們平凡普通，沒有閃耀的光環，但我們身上依然有值得 show 出的亮點。我們當中的大部分人，都是依靠自己的實力生存，如果一味地埋沒自己，不願意展示自己的話，又怎能獲得「伯樂」

的賞識，為我們提供條件去發展事業呢？這顯然是不行的。所以適當地秀出自己，展現自身優於別人的能力，且不過分張揚，不僅不會招來太多人的嫉妒，反而更容易讓別人佩服，讓「伯樂」看見你。

木秀於林，風可助之。如果你有能力，就應該及時「秀」出來，大膽亮出你的王牌，讓別人瞭解你的才華，然後你才能爭取到那些許多人無法勝任的任務。你的毛遂自薦也正好顯示你的存在，成功的機會也將會大大增加。

看看喬．杜爾（Joe Dull）的例子。喬在工作時非常賣力，為公司付出許多時間與心力，他應該是前途光明的。但事實並非如此。喬什麼也沒有得到，比他差很多的人，都不斷地獲得升遷及加薪。因為喬不懂得表現自己，所以主管從來沒有注意到他。

你是否也像喬一樣，過於謙虛或害羞，不會表達你的意見？不要再等待。現在就開始，好好表現自己，締造屬於你的成功！

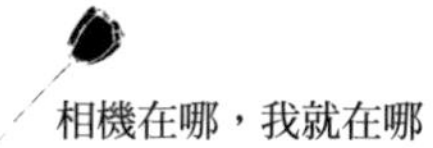

相機在哪，我就在哪

約翰・海德伯格陪歐普拉去參加了西元一九七〇年納什維爾的「防災小姐」比賽，他回憶道：「整個人群都和她一起雀躍。你能夠看出她很享受當下的分分秒秒。」

他記得媒體為歐普拉拍照時她非常激動：「她喊道，『我在這裡。』歐普拉非常喜歡上鏡頭。『相機在哪裡？我在這裡。快過來拍我。』她喜歡被人關注。她一定在想，『這太妙了。嘿，我非常喜歡這樣！我就要成功了！』」

許多女孩子都有著很好的才華，只是她們不知道如何像歐普拉一樣將這些才華展現出來罷了。更有些女人，她們喜歡「隱藏王牌」的生活方式，平時表現出的能力總是比自己實際擁有的要稍微少一些，被她們隱藏起來的王牌是為了在關鍵時候亮出來，她們認為這是一種自我保護的措施。

和這些女人不同，歐普拉有著自己獨特的方式，她總是喜歡表現得比自己實際擁有的能力更強，但這並不是說她時時吹噓自己，而是先搶佔表現機會，然後施展才華。

歐普拉就是這樣一個人，即使自己天生的條件並不算優秀，甚至比不上別人，她也不會因此而放棄競爭。有句話說：「人比人，氣死人」，每個人總有不如別人的地方，你可能很聰明，但不如別人漂亮，你可能很漂亮，但不如別人氣質好，總之，沒有人十全十美，所以也完全不必因此而氣餒，每個人的成就都是後天努力的成果，先天的條件只是一個起跑點而已，最後誰能夠勝出要看你起跑之後的表現，就算天生條件不夠好，後天也可以透過各種方式來改善，只要你去做了，就一定能夠更進一步。

《理財周刊》發行人洪寶山是位推銷高手，三十年前從小業務員開始，現在已經是集團的總裁。他認為：「這麼多年來，我認為，銷售世界上第一號的產品不是汽車、房屋，而是自己。在你成功地把自己推銷給別人之前，你必須先百分之百的把自己推銷給自己。……現在很多年輕人感嘆求職不易，其實都是因為不會推銷自己。……我們過去常談生涯規劃，但我認為，生涯是『準備』出來的，不是『規劃』出來的。準備好自己，相信自己，然後讓別人相信你，就一定能有所成就。」

社會不是學校，沒有人會對你說：「我們來做個測試，看看你們到底知道多少。」所以，每個人都可以讓自己成為自信從容的人，你自信從容的表現會讓別人覺得你很強大。

表現最耀眼的自己

歐普拉參加防災小姐比賽時，評審問選手們，如果擁有一百萬美元會做什麼。大多數人都說她們要把這筆錢用作慈善事業，幫助窮苦人，或者給父母買房子。

輪到歐普拉發言時，她抬頭望著天說：「上帝啊，你監督我吧。假如我擁有一百萬美元，我很可能會大把大把花錢，我不知道自己會買些什麼，但是我會不斷的買東西，買東西，成為瘋狂的大買家。」在場的人都大笑起來。他們覺得這個女孩子真是不一樣。

歐普拉的表現似乎總是能讓人感到耳目一新，在說話這件事情上，最重要的就是有自己的特色，千萬不要 copy 別人，人云亦云總會吃虧。如果你想成為談話高手，那麼，你必須有某種獨特的地方，以便引起人們的注意，或者使人們容易記住你。表現出自己自然的風格是上策，要努力發展你自己的獨特風格，而不是去發展別人的獨特風格。

有些人與別人談話時，認為自己有必要裝腔作勢，或者戴上一副假面具。有些人則試圖表現得過於友善，有的時候甚至表現出媚態。歐普拉之所以獲勝，正是因為她表現出最真實的自己，沒有故作高尚說什麼要用錢幫助窮人，也沒有裝作孝順，要給父母買房子。

「成為瘋狂的大買家」才是十幾歲的女孩子最真實的態度，絲毫不加掩飾，評審也許就是被歐普拉這份直率坦誠吸引住了。

二十三歲的波蘭模特兒曼妮歐絲（Michalina Manios），是西元二〇一一年「波蘭超級模特兒大賽」奪冠的熱門選手，但她卻對評審坦誠相告，表明自己曾經是男兒身，直到四年前接受手術，才擁有完整女人身分。這番告白雖然使所有人為之一驚，但她的坦誠卻獲得評審一致的青睞。

在這個人才濟濟的社會，只有被人發現、被人記住才能得到更多的機會，否則就會埋沒在茫茫人海之中。

讓觀眾記得你的招牌動作

「芝加哥媒體中膚色深的女性並不多。」歐普拉說，「我第一次來這裡做直播節目時，就感覺整個城市的人都打開了電視，彷彿大家都在看著我一樣。」歐普拉對觀眾講述當時有趣的故事，說自己是個「黑人捲髮小鬼頭」。還故意搖搖擺擺，晃晃悠悠走得很慢，讓他們跟她近距離接觸。更重要的是，歐普拉將溫暖人心的黑人形象帶到了白人社區的家中，而白人社區正好缺乏這種火一般的熱情。

初到芝加哥，歐普拉知道自己必須迅速抓住大眾的注意力，而她的武器就是她與其他主持人的與眾不同之處，她的黑皮膚讓人印象深刻，她那溫暖的、胖胖的「媽媽」形象深受白人觀眾的歡迎，這些都是她的招牌特色。芝加哥的觀眾習慣了菲爾・唐納修循規蹈矩的主持風格，因而歐普拉這種生猛的節目讓他們吃驚不已。

當你和一個條件跟你相差無幾的人競爭，怎樣勝過他？答案就是亮出你的金字招牌，把你的特色放大。我們不免會看到許多人在公司裡像老黃牛一樣默默耕耘了很多年，還是沒有升遷的機會，有時不免抱怨上司太不夠意思，沒有多關照一下自己。其實，這種情況下，也許應該問問自己，有沒有做過什麼特別的工作給老闆留下深刻的印象？有沒有說過令老闆都驚奇的話？如果沒有的話，那就不用抱怨什麼了，因為你從來就不敢在老闆面前展現自己與眾不同的一面，老闆事情那麼多，自然很少會關注到你了。

相反地，如果你能夠抓住時機，表現一些別人不會的本事，展現一、兩個與眾不同的特長，老闆就會對你留下深刻的印象，「某某某在這方面好像不錯啊」，以後自然會給你更多機會。

許多人都想要成功，想獲得幸運之神的青睞，卻忽略了成功只偏愛那些讓他記得住的身影。時尚教母可可・香奈兒（Coco Chanel）說過一句著名的話：「要想不被取代，就要與眾不同。」成功總會記住那些特別的人物、特別的事件和特別的心靈。要想獲得成功，就從今天開始，努力做一些特別的事來展現自我吧！

抓住能讓你高飛的翅膀

傑佛瑞・賈寇比（Jeffery Jacobs）被《財星》（Fortune）雜誌稱為「媒體女王皇冠背後不為人知的靠山」，更有人稱他為「歐普拉的大腦」。賈寇比為歐普拉當了近二十年的顧問，為她操持各類事務，既是她的律師、代理人、經紀人、理財顧問，也是她的籌辦人、保護神和密友。歐普拉認為賈寇比就像摩西一樣，引領自己走向希望之鄉。談到賈寇比時，歐普拉說：「他是個滿腦袋充滿幻想的人，大多的事情都是他幻想的產物。如果不是他，我可能還在芝加哥主持當地的節目呢！……他讓我看到了任何事都有可能，以前我相信人可以做一些事，現在我相信人可以做任何事。」

如今很多人都信奉「獨立自主」，總是不斷告誡自己不要依靠別人，只有自己努力獲得的成功才是真正的榮耀。實際上，並沒有多少工作能夠靠個人單打獨鬥就能完成的。或許一個人也可以完成，但是，如果能有幸獲得來自優秀的夥伴的幫助，不是更好嗎？這並不是投機取巧，而是能讓自己更快成長的途徑。

沒有一個人的成功離得了他人的幫助，如果遇到我們平時所說的「貴人」，一定不要拒絕對方的幫助和提攜。這些人能夠幫我們在事業中少繞點路。全球知名化粧品品牌雅芳（Avon）全球董事會主席兼 CEO 的鍾彬嫻（Andrea Jung）說：「有些人只等著機會來臨，我卻不這樣做，我建議人們要抓住能帶你飛翔的人的翅膀。」

有的人工作能力很強，凡事自已來，不屑於接受他人的幫助，甚至把靠別人的提攜輔導看作是羞恥的。這是一種固步自封的愚蠢想法。要知道，個人大部分的成功都是有賴他人的幫助。不能認識到這一點，就容易變得自大，太過驕傲的人，是不會有人願意給予幫助的。

即使是「媒體女王」歐普拉也需要「靠山」，他山之石可以攻錯，聰明的女人要學會借力，借力使力才能更快更省力的達到目標，這不是「利用」，而是「合作」，只不過在這過程中每個人扮演的角色不同罷了，但是最終達到的一定是共贏的局面。

你要找能推你一把的人

賈寇比在芝加哥西部找到一塊十萬平方呎、價值四百萬美元的房地產，他說這塊地將成為歐普拉的夢想之地，歐普拉在那裡不但可以製作電影，還可以製作自己的脫口秀節目。賈寇比說，「這是對我們命運的一種掌控。」在賈寇比的策劃下，歐普拉把她一大部分的收入投入哈波娛樂公司，蓋了一個一萬平方呎、價值兩千萬美元的攝影棚。這個攝影棚位在芝加哥西區餐館和雜貨站林立的大道，佔據了一整條街。

賈寇比告訴記者：「哈波娛樂製作公司將幫助歐普拉實現她所有的夢想。」這位律師出身的合夥人鼓勵歐普拉跟自己賭一把：「別只為別人幹活，真正掌握自己的命運。不要想什麼薪水，採取行動吧！」

如果不是賈寇比的鼓勵和大力推動，歐普拉的哈波娛樂公司不可能這麼快就夢想成真。歐普拉一直說自己沒有商業頭腦，也不算是個商人，哈波娛樂公司的建立和營運在很大程度上都要依賴賈寇比。雖然歐普拉向來目標明確、大膽強勢，但是在創建自己的公司這件事情上倒則是靠賈寇比「狠狠地」推了她一把。

擁有一位這樣的「推手」是幸運的。簡單地說，推手就是那個在關鍵時刻推你一把的朋友。成功之路充滿艱辛，在這條道路上跋涉的人們很容易失去鬥志，有的時候我們由於工作難度高而失去戰勝困難的勇氣，有時候我們不想工作只想偷懶只想安穩地躺在昨日的成就上睡大覺。這個時候，你就需要一位推手，他可以讓你保持長久的熱情和充沛的活力，讓你有信心為了明天繼續積極進取。

有一個企業家說：「要成功，你需要朋友；要非常成功，你需要敵人；要真正成功，你需要戰勝自己！」這句話充分說明了現代社會要想成功，即需要合作，更需要競爭。

有時候，推我們一把的也可能是敵人或競爭對手，這些都是幫助我們成功的「貴人」。其實，無論是朋友或敵人，都是我們的推手，我們要廣交朋友，也要善待敵人。如果遇到了可以推自己一把的朋友，千萬要好好珍惜，因為「成功需要朋友」。推手的作用就像汽車的馬達，一旦啟動，就會給你帶來無窮的動力。

真正的朋友會在需要時為你站出來

蓋爾・金恩不但是歐普拉生活上的夥伴，而且當歐普拉陷入困境時，她總是第一時間站出來支持歐普拉。蓋爾常以歐普拉的發言人的角色出現在公眾面前，澄清關於歐普拉和她的男友之間各種莫名其妙的謠言。

在駁斥關於「歐普拉將男友和她的髮型師捉姦在床」這個沒有任何根據的謠言時，蓋爾表現出來的沉著、冷靜、高貴贏得了公眾的贊許和評論家的欣賞。自從那時起，歐普拉養成了在公眾面前蔑視各種流言蜚語的習慣。在過去，歐普拉總是想直接面對那些傳播虛假故事的人，而現在她似乎已經能泰然處之了。

真正的朋友可以同甘苦，更可以共患難，不會眼睜睜地看著對方深陷困境。蓋爾就像是歐普拉的保護傘一樣，屢次為她遮擋那些滿天亂飛的謠言。而歐普拉也從蓋爾身上學會了遇事不亂、學會了泰然處之，讓自己的內心變得更加成熟。

朋友過生日送一份禮物表示祝賀，這是大部分人都能做到的。如果對方在需要自己出現的時候，儘管自己也有要事需要處理，卻仍然能夠盡力抽出時間趕過去給予應援，這樣的舉動一定會令人感動不已。那麼當自己需要朋友的支援鼓勵的時候，對方也會將心比心地儘量做到。

十多年前七月上旬某一天，已卸任的台積電總經理布魯克到董事長張忠謀辦公室，證實他即將投效競爭對手的傳聞。曾經是二十年朋友，曾經是悉心提拔的部屬，一夕之間兩人轉為最大勁敵，張忠謀百感交集，很難釋懷。當晚回到家中思緒依然紛亂，於是他拿起電話，打給一位在美國的友人，他知道打給這位朋友，不會洩密，不會因而看輕他。

朋友就是在逆境能安慰、傾聽。就像個安全氣囊，讓我們喘息統整，重新出發。他更提供一個述說的空間，讓你有機會對自己的生命做一個有意義的重構。如果能夠花時間為對方做些什麼，也不覺得這樣做對自己有什麼損失，而且感到開心。能有這樣的朋友是人生的一大幸事。友情一旦建立，就要精心去保護。不要覺得朋友的存在是理所當然，朋友的相助也是理所當然。

透過行動，讓雙方都要感受到朋友的真心，就是友情長存的祕訣。

你需要一個忘年之交

歐普拉和瑪雅・安傑羅（Maya Angelo，詩人、作家兼演員）是一對忘年之交，安傑羅比歐普拉大了將近三十歲，也許是因為年齡的原因，安傑羅對歐普拉來說既是一個很珍貴的朋友，又像是一位夢想中的母親。而安傑羅也曾說真希望能夠有歐普拉這樣一個女兒。

的確，歐普拉和安傑羅的關係比和自己親身母親的關係要親密得多，她將安傑羅視為一位強有力的神話般的人物，安傑羅也經常給歐普拉各種指引和忠告。歐普拉還出版了安傑羅的書《一首出入雲霄的歌》（A Song Flung Up to Heaven），那是安傑羅自傳的第六版也是最後一版。

歐普拉曾經向瑪雅・安傑羅傾訴自己最大的恥辱（歐普拉在二十多歲時曾吸食古柯鹼）後，瑪雅・安傑羅安慰歐普拉說：「你那時所做的是當時的你認為該做的；等你知道怎樣樣可以做得更好時，你就能做得更好。」這段話讓歐普拉深受感動，使她一輩子永遠都忘不了。

歐普拉說：「沒有人可以獨力成功……瑪雅在我的生活中扮演了良師和鼓舞我的角色。每一個人都能從艱苦日子中走過來，因為總會有人站在大水溝旁，幫你把它填滿。」

也許對於歐普拉這樣的人來說，比她年紀大一些的人更容易和她成為親密的朋友，從小就早熟的歐普拉，比大多數的同年齡的人都經歷了更多的事情，磨難也好、輝煌也罷，歐普拉需要有一個同樣經歷豐富的人與她分享，這也許正是安傑羅的特殊意義所在。

確實，忘年之交在每個人的人生中都是一筆重要的財富，尤其對於年輕人來說，與比自己經驗豐富的年長的人交往，會獲得許多同齡人無法給予的人生經驗和智慧，就像歐普拉從安傑羅那裡得到了許多忠告，受到安傑羅很多思想的影響。從小缺少母愛的歐普拉，也許正是從安傑羅的身上體會到了母愛的溫暖，這是在其他任何朋友那裡都無法得到的。

有人認為和同年齡的人才有共同話題，因此只和同年齡的人做朋友，但是有些東西確實在同年齡的人那裡是無法得到的，年紀大一些、閱歷更豐富的朋友，對於同一件事情可能會有和你完全不同的見解，對很多事情的理解也可能會更加深刻。

從忘年之交身上，我們可以開闊視野，思慮更深。

追隨自己的精神導師

南非反種族隔離運動領袖，後來擔任南非前總統的曼德拉（Nelson Rolihlahla Mandela），曾經在歐普拉的節目上講述自己如何在監獄裡改變自己，如何學會訓練自己的大腦控制自己的情緒，進而得以和南非白人種族主義領導商談。當曼德拉到場準備好去錄製時，三百個哈波娛樂工作人員在公司大廳裡排著隊和他握手。「那是我一生中難以忘懷的一次採訪。」歐普拉這樣說。

後來，歐普拉去南非訪問時，問曼德拉他可以送給他和他的國家什麼禮物。曼德拉說：「幫我建一所學校吧。」歐普拉答應了。又過了一段時間，歐普拉在曼德拉的建議和支持下，繼續做了很多這樣的善舉，例如為非洲的孩子送上「耶誕節善意」的大禮物。

曼德拉為非洲孩子所作的一切讓歐普拉受到了巨大的精神感召，可以說是曼德拉帶動了歐普拉的慈善行為，他就像一位精神導師，讓歐普拉看到了前行的方向。

什麼是精神導師？你從他的身上懂得人生、領悟美德、發現世界的美。這樣說很虛幻，簡單說來，精神導師就是那種你甚至願意變成他的人。榜樣的力量到底有多大，很少有人說得清楚，但可以肯定的是，當你為自己樹立了一個成功榜樣，你就會有更明確的目標，做事也會更加有計劃。每個人都應該有一個精神導師，他不一定非得是名人，他可以是你周圍任何一個，你的朋友，你的親人。只要你從他身上發現了你一直憧憬的東西，你就可以把他當做標竿。

同樣也是歐普拉精導師的是馬可．路德．金恩博士。他採取非暴力手段為美國黑人爭取人權，最後終能打破不平等的種族隔離制度，讓黑人享有和白人同等的權利，也從此美國才真正是一個民主國家。

不少外國觀光客到臺北必造訪的誠品書店，當年創立原因竟然是受到史懷哲的影響。誠品董事長吳清友透露，三十多年前面臨中年危機，讀了史懷哲的《文明的哲學》，他深受感動，覺得人類最偉大的創作是書本，於是他決定創立書店，並定下以人文、藝術、創意、融入生活的概念。「誠品的由來，相信是受了史懷哲先生很大的影響。」

精神導師就像一面鏡子，可以反映出你的不足；精神導師也可以是一本人生的參考書，當你感到迷茫的時候，時時翻閱，從中找到提示和安慰。

OMG! 她是我的偶像

歐普拉說：「我非常崇拜史蒂芬．史匹柏。他是我所遇到的最棒的人。演員和工作人員都很敬畏他，絞盡腦汁的為他效勞。哦，上帝，真不敢相信我們是在為史蒂芬．史匹柏效勞呢。」

「當我看到史蒂芬．史匹柏的安培林娛樂公司（Anblin Entertainment）大樓時，簡直把他供到像上帝一樣的位置。他是我最嚮往的影壇顯赫人物。也就是從那時起，我開始想要擁有一個自己的製片公司。」

史蒂芬．史匹柏就像可以說是歐普拉在電影方面的一個榜樣，對於每個人來說，榜樣是人生路上的一個目標，因為他能夠激發出人的全部力量。綜觀古今中外，許多成功人士都曾受到榜樣的激勵，這些榜樣有的是歷史上的偉大領袖，也有在某個特定領域做出過傑出成就的人，甚至有小說和神話中的人物。鼓舞人心的榜樣能向你展示什麼是可能的，並給你提供非常有價值的動機、力量和希望的源泉。

電影《舞動人生》（Billy Elliot）講述的就是榜樣激勵人心的故事。這部電影的內容講述十一歲的礦工之子，自從上了一次舞蹈課之後，被教練的精彩表演深深打動。自此以教練為榜樣，矢志要成為一名出色的舞蹈家。他不畏嘲笑與打擊，最終夢想成真。在惡劣的生存環境，正是榜樣的力量讓一個弱小的男孩迸發出巨大的奮鬥的激情。

就像著名作家和演說家克里斯多夫．海格提所說的：你可以建立一個你自己的「榜樣資料庫」。首先選擇三到四個能夠真正激發你的人。也許他們的夢想和你自己的夢想極其相似，也許他們遇到的障礙也是你最懼怕和擔心出現的。盡可能學習榜樣們怎樣在艱難狀況下保持前進的步伐，以及他們是怎樣戰勝艱難險阻才實現他們的夢想。

你還可以找一些榜樣的照片，掛在你自我反省的地方。如果你沒有這樣一個地方，那就將照片掛在你的辦公室裡或其他你能經常看到他們的地方。美國前總統羅斯福就是這樣，他將林肯的畫像掛在白宮的辦公室裡，在遇到棘手的問題時，他就會看著畫像問自己：「如果是林肯，他會怎麼處理呢？」如此，你就能夠不斷提醒自己朝著目標邁進，朝著榜樣一步步靠攏。

你就是自己最好的夥伴

有一次，為了盡快完成電影的拍攝工作，歐普拉打算暫時放下電視臺的節目，集中精力拍攝電影。電視臺本來答應讓她放假十二個星期，結果卻反悔了。無奈之下，歐普拉只好強硬爭取，宣稱說假如電視臺不信守諾言，她就辭職。接著，賈寇比將歐普拉所有的帶薪休假和病假集中起來，湊足了時間。他還告訴歐普拉，讓她考慮製作自己的節目，建立自己的錄影棚，這樣就可以完全掌控自己的工作生涯了。

一邊是自己喜愛的工作，一邊是自己渴望已久的電影，歐普拉哪個都不想耽誤，電視臺的反悔讓她一時陷入困境，但是利用強力爭取假期以及調整工作安排，最終還是解決了時間的問題，使得電影的拍攝工作可以如願進行。可見，只要肯解決，方法總會比問題多的，很多看似不能解決的問題，到最後總是能克服。

遇到問題，首先我們要從心理上戰勝對困難的恐懼，心理暗示的力量是巨大的，同樣一件事情，如果你相信它能夠解決，就總會想出辦法。如果你認為事情無法改變，那麼你多半也不可能解決它。

其次，許多人喜歡把各種問題當成藉口，因為各種客觀原因的限制，所以自己沒把事情做好。殊不知，藉口可以讓人活得心安理得，也可以讓人活得虛無縹緲。如果你總是有理由失敗，那就不會有可能成功。若要想做成一件事情，就要謹記：只為成功找方法，不為失敗找藉口。當遇到問題和困難的時候，先別說難，先問問自己有沒有全力以赴。主動去找方法解決，而不是找藉口迴避責任，找理由為失敗辯解。

成功學家拿破崙·希爾曾經說過，在失敗面前至少有三種人：第一種人，遭受了失敗的打擊，從此一蹶不振，成為被失敗擊垮的懦夫，此為無勇亦無智者。第二種人，遭受失敗的打擊，並不知反省自己，總結經驗，只憑一腔熱血，勇往直前。這種人，往往事倍功半，即便成功，亦如曇花一現，此為有勇而無智者。還有一種人，遭受失敗的打擊，能夠極快地審時度勢，調整自身，在時機與實力兼備的情況下再度出擊，捲土重來。這一種人堪稱智勇雙全，機遇常常降臨在他們頭上。即使對成功者來說，失敗也是不可避免的，只要肯解決，就一定有辦法。

遇事要先想辦法，才會有辦法。

擺平現狀就要快、狠、準

西元一九八八年，歐普拉接管了《歐普拉．溫佛瑞秀》脫口秀節目全國聯播所有權和製片權，成立了公司，但前景並不樂觀，曾經和她要好的姊妹因為雇傭關係變得關係緊張。有一些雇員還聲稱，和歐普拉關係最親密的迪默歐做事太武斷獨裁，「如果不是迪默歐走，那就是我們走」，對此，歐普拉果斷支付給迪默歐五百五十萬美元，請其離職。

緊接著有離職員工上訴歐普拉，要求她支付每個人二十萬美元的遣散費。歐普拉私下了結了這個案子，很迅速，而且悄無聲息。

生活中難免會遇到一些突發狀況，有時候情況緊急，容不得你多想、容不得你拖延，要擺平這種糟糕的狀況，下手必須穩、準、狠，否則事態更加容易惡化。迪默歐是歐普拉得力的助手也是生活中的好友，但此時此刻她必須做出選擇，一邊是失去迪默歐，另一邊是失去自己的員工，以後的工作將無法進行，所以難以割捨也要割捨。而對於離職員工的上訴，歐普拉明白果斷地採取了私下和解的方法，既無損公司名譽，也省下了訴訟成本。

雖然現代社會中不乏精明幹練、獨當一面的女強人，但整個社會文化對於女性仍然保存了刻板印象——相對於男人來說，女人總是優柔寡斷，不能擔當重任。女人要想在職場中站穩腳跟，得學會在必要的時候快刀斬亂麻，看那些活躍在政界、商界的女性菁英，無一不是有著堅強的秉性和過人的決斷力。

西元一九八八年，美國化工業杜邦（DuPon）公司，在歐洲某個工程部門有管理職出缺，在聚合物事業部待了十年的谷俐安（Diane H. Gulyas）向主管表達出任意願。主管認為她無法和先生分居兩地，不適合離開家庭到瑞士單身赴任，但是谷俐安回答：「非常謝謝你的關心，但那是我的問題。」爭取到主管職位後，谷俐安開始負責歐洲區業務。谷俐安在歐洲大刀闊斧，不但替杜邦敲出兩億美金的業績，也讓她有機會建立企業跨國管理的經驗。

許多人在面對突發狀況時往往因為各種感情因素猶豫不決，遲遲不能做出決斷，這對於生活或是工作都非常不利。必要的時刻，我們還是得學著用理性來思考，而不是被情感所左右，只有這樣才能作出對自己有利的決定。

把煩惱說出來，痛苦就會減半

多年來，歐普拉一直因為青少年時期遭遇的性騷擾而痛苦不堪，她沒有去做心理諮詢來治癒傷痛，而是採取在電視上對著公眾告白來自我拯救。她認為這種方法對人對己都是最合適的。

歐普拉說：「很多次我在電視上談論我自己的事情，這讓我節目的許多來賓變得比較放鬆，在我看來也一樣。我明白他們為什麼吐露那麼多的祕密，因為你一旦說開了就無法停下來。我的意思是，我站出來告訴大家我曾受過性騷擾，這對我的幫助比對其他任何人的幫助都來得要大。就算讓我再選擇一次，我同樣也會這樣做。」

人際溝通大師卡內基曾在輪船上舉辦過一場演講。他在演講中說道，「當你感覺到內心有壓力和煩惱時，不妨走到船尾去，把煩惱的事一一說出，然後把他們拋擲到汪洋大海中，注視著它直到它消逝不見。」

這個建議乍聽起來彷彿有一點荒誕和幼稚，但是當晚卻有一個人跑來對他說：「我按照你的話去做了，結果覺得心中非常舒暢，這實在是件令人吃驚的事呀！」這個人還繼續說道：「待在船上的這段時間裡，我將天天在日落的時刻，把一切惱人的煩憂拋入大海，直到自己覺得完全沒有一絲煩惱為止。同時我將日日注視著這些煩惱消失於時間的大海裡！」

每個人都希望自己能成功，過得幸福，生活一帆風順，然而生活中卻有重重壓力：追求的失落，奮鬥的挫折，情感的傷害，在在都讓我們的心靈背上了重重的負荷。很多人選擇獨自一個人忍受一切，但愈是憋在心裡自己就愈是忘不掉，其實最好的辦法是把你的痛苦說出來，當你把一件事情從心裡拿出來，它就變得不再那麼沉重了。

成長的挫折，生活的壓力，常常使我們的情緒到暴發的臨界點，這時千萬不要把所有不滿的情緒常期壓抑在心理，我們需要找一個情緒的出口，不管是獨自重新思考自己的定位，或是唱歌自娛娛人，或是找一個人當妳的聽眾傾訴，或是釋放自己好好大哭一場。哭完之後擦乾眼淚，再重新面對自己，面對生活。

述說的本身就是一種發洩，它可以幫助你排解憂鬱和壓力。心理學家十分鼓勵人們尋求「內在的聲音」，對於某些失去自我的人而言，尋找「內在聲音」牽涉到說出隱藏多年的氣話、痛苦、懼怕、罪惡感和羞恥感。當受苦的人能說出心裡的創傷時，這代表他們發現了與自己溝通的方法。因此，說出心裡的痛苦也是一種積極的自我療癒。

分享能使痛苦減半，同時也能使快樂加倍。

用真相對抗那些謠言

迫於妹妹的爆料和小報添油加醋的炒作壓力，歐普拉發表了一份個人聲明，她承認了自己十四歲意外懷孕這件事，因為早產，孩子出生不久就夭折了。

歐普拉在聲明中說：「我本來希望這件事可以等日後再報導出來，到我足夠可以處理自己內心深處的感情的時候。現在，看到一個出版社竟然會付大筆錢給一個吸毒成癮、心理失常的人，並將她的話公諸於世，我深深同情我這個同母異父的妹妹。」

歐普拉對於曾經產下私生子的這份聲明十分坦誠，她沒有迴避事實，既然自己十四歲時懷孕的事情大家已經知道了，那麼不妨藉此機會把話說清楚，歐普拉的這份勇氣讓人佩服。同時，她也解釋了自己為什麼從來沒有公開談論過這件事的原因，並非刻意隱瞞，而是自己確實還沒有做好準備去面對。歐普拉選擇把真相告訴大眾，而大眾也選擇了友好溫柔地對待她。

很多人信奉「身正不怕影子斜」的道理，認為有些事情無須過多解釋，時間終會讓真相大白的，畢竟「真理是時間的女兒」。但是很多時候，如果不及時地解決問題的話，會給我們造成名譽損失，以及長時間精神上的折磨。生命中難免會有各種各樣的誤會，甚至是別人的詆毀，如果我們此時還在堅持「清者自清」的古訓，那麼，傷害的只能是自己。

有一本非常有名的書叫《謠言心理學》（The Psychology of Rumor），書中提出一個謠言公式：謠言等於資訊的重要性乘上模糊度。例如，西元二〇一一年三月十五日中午，杭州市一名普通員工，在網路社群上敲下一段話，「據可靠資訊日本核電廠爆炸對山東海域有影響並不斷地污染，請轉告周邊的家人朋友儲備些鹽、乾海帶，一年內不要吃海產品。」就這 一句話，兩天後全中國掀起了一股「輻射恐慌」和「搶鹽風波」。正是因為公眾缺乏核子科技的知識，造成了資訊模糊，而日方又刻意隱瞞部分資訊，所以才出現了撼動社會的謠言。因此，及時公布資訊的真相，就是消除謠言最好的方法。

雖然有時候真相確實很令人難堪，但是比起那些已經過去了的難堪的真相，人們更不願看到的是你的虛偽、隱瞞和掩飾。如果你真的有勇氣大大方方地把真相說出來，別人也不能再計較什麼了。沉默並不是最佳選擇，站出來，採用適當的方式澄清自己才可能消除謠言和影響，維護自己的名譽。

絕不做忍氣吞聲的軟柿子

西元一九九六年四月十六日，英國爆發狂牛症後，歐普拉做了一檔名為「危險食品」的節目。在節目中她當場冒出一句話：「這下子我再也不吃漢堡了。」

結果第二天芝加哥商品交易所交易大廳的牛肉價格就大幅下滑，使養牛業者遭受數百萬美元的損失。節目播出之後，美國的牛隻期貨足足下跌長達兩個星期之久，這次的現象被稱為「歐普拉崩盤」（Oprah Crash）。各種不同的養牛團體在六個星期內聯合起來控告歐普拉。

於是，歐普拉開始到德州上法庭為自己辯護。菲爾•麥格勞（Phil McGraw）當時是一名審判顧問，當歐普拉詢問他的意見時，他說：「如果你抗爭到底的話，以後排在『控訴歐普拉』這個隊伍後面的人就會變得少很多。」最後歐普拉打贏了這場官司。

牛價下跌本因狂牛症所致，歐普拉只是就此事發表了自己的看法，養牛團體把事情的責任歸罪於歐普拉實屬荒謬。面對勢力龐大的聯合訴訟，歐普拉沒有屈服，而是站出來為自己辯護，她要讓那些人知道，自己可不是好欺負的「軟柿子」，如果沒有做錯什麼，就一定會為自己辯護到底。歐普拉針對狂牛症和各種人士交換意見，並甘冒打官司的風險，堅持透過媒體告訴大家自己所認為對的事情。

和敢作敢當的歐普拉不同，有些人的處事原則是「多一事不如少一事」，「好漢不吃眼前虧」。遇到不平衡的事，即使心裡有怨氣，卻不敢去抗爭，認為忍氣吞聲就能解決衝突。殊不知，這只會給人留下沒有主見、好欺負的印象。謙和寬容地待人固然是值得讚揚，但如果對方做得過分，一定要奮起反擊，千萬不要以一副弱者的姿態妄圖求得同情。

受到了委屈，人們大多會選擇忍氣吞聲的生存方式，這往往是由於他們患得患失，自己在主觀上嚇倒了自己。然而，挺身而出，捍衛自己的正當權益其實是再自然不過的事了，跨過這道門檻，你會發現，沒有什麼大不了的。

不敢進行第一次反抗，就不會有第二次反抗的發生，而有了第一次的反抗，自然就有動力去進行更多次的反抗。久而久之，你就會修正心理模式和社會交往方式，由一個只能忍辱受氣的人，變成了一個不願受氣也不會忍辱的人。

這是個弱肉強食的世界，只有自己才能保護自己。與其滿腹委屈，到處找人訴苦，不如堂堂正正堅持自己的想法。無論在什麼時候，只要秉持正義，而且認為會帶來更好的結果，就要據理力爭。

我強勢但絕不霸道

芝加哥牛價下跌事件審判進行到第三週時，歐普拉出庭作證。整整三天，歐普拉不斷受到原告律師關於她疏於資料查證的質問，指責她沒有仔細核對美國牧場牛隻飼養程序，沒有更正製片人的粗心剪輯。

在對方律師反復追問之後，歐普拉微微將麥克風前傾，鎮定地說：「我為人們提供了一個發表意見的論壇……在美利堅合眾國我們有權利這樣做……我來自一個民族，這個民族的人們努力奮鬥甚至不惜犧牲，只為了在這個國家獲得發言權。」她說，「我是一個鼓勵自由表達的脫口秀主持人……美利堅合眾國國家賦予我們這樣的權利。」

這場官司結束後，歐普拉對於她自己、她的律師以及她的製作群在這次經驗中的處理方式表示非常驕傲：「我們面對丟給我們的現實，我們拿到一個大檸檬。但是我們不僅拿來做了檸檬汁，我們還用來做成檸檬奶油蛋糕了。」

面對養牛團體的群體攻擊，歐普拉始終努力保證鎮定，她為自己辯護，言語中肯具有說服力，既能夠威懾對方又毫不失態，她沒有大哭大鬧、大吵大叫，而是憑藉智慧和口才讓對方心服口服，最終贏得審判的勝利。

優雅是我們最美的外衣，即使是在逆境當中、被人無理誣告的時刻，也絕不可失態，如果你此時表現得蠻橫霸道、毫無修養，豈不是讓別人抓住你更多的把柄？愈是鎮定自若、愈是從容不迫，就愈能得到他人的喜歡和尊敬。

如果你還是不知道怎麼做，想想樂壇天后王菲吧，她強勢霸氣，也知書達理。有一次，娛樂記者提問王菲：「你頭髮那麼短，為什麼還要為洗髮精廣告代言？」只見王菲平靜地回答道：「難道你覺得短頭髮就不用洗頭了嗎？」

有一年，中國網友在網路上評選了「十大不健康歌曲」，第一名和第三名都是劉德華的歌，分別是《馬桶》和《獨自去偷歡》。當時有記者問劉德華有什麼感想，他說：「謝謝每一個投我一票的聽眾，大家都知道劉德華滿喜歡拿獎的。謝謝他們投票，以後不管是什麼票，希望他們繼續投我的票。」那一天劉德華的反應贏得了全場鼓掌。

可見，無論是歐普拉還是王菲，真正有氣勢的人總是優雅而又強勢、強勢卻不霸道，擁有這種風格，自然能夠征服無數觀眾的心。

吃自己的馬鈴薯，胖瘦不關別人的事

馬鈴薯是歐普拉這一生中最喜愛的食物。曾經為了減肥，歐普拉有相當長的一段時間，憑藉毅力不去碰它。雖然後來她體重銳減，令觀眾們刮目相看，但觀眾們最終坦言還是比較喜歡那個胖胖的歐普拉，如此一來，歐普拉就放鬆了對自己體重的控制。

所以當歐普拉的腰圍漸寬，而被敏銳的媒體察覺到，並施加抨擊時，歐普拉顯得毫不在乎。甚至在節目裡暢言：「等到節目結束後，我要馬上回家去大吃灑滿很多鹽的馬鈴薯。」歐普拉瀟灑地吃著馬鈴薯，沒有人能奈何得了她。

真正成功的人生，不在於成就的大小，而在於你是否努力地去實現自我，喊出屬於自己的聲音，走出屬於自己的道路。「走自己的路，讓人們去說吧！」這是開創歐洲文藝復興時代的大師但丁（Dante Alighieri）的名言。然而在現實生活中，這樣做需要很大的勇氣，有時還得付出代價。

世界上永遠沒有絕對的第一。看過足球史上最優秀亦是最具爭議的球員馬拉多納（Diego Armando Maradona）踢足球的人，還想一身臭汗地在足球隊裡練習嗎？聽過世界三大男高音之一的帕華洛帝（Luciano Pavarotti）歌聲的人，還想修煉美聲唱法嗎？其實，如果總是擔心自己比不上別人，只想功成名就，那麼世界上也就沒有帕華洛帝、馬拉多納這類人了。如果這些人不是「走自己的路」，而是被別人的評論所左右，怎麼能取得舉世矚目的成績？人生的成功自然包含有功成名就的意思，但是，這並不意味著你只有做出了舉世無雙的事業，才算得上成功。

對很多人來說，人生最重要的事情，就是要讓別人看得起。這樣的人在乎別人怎麼看他，而很少注意自己要的是什麼。講究面子、需要別人肯定、整天在意別人眼光，往往是缺乏自信的表現。整天擔心別人怎麼看自己的人，顯得畏畏縮縮，。不在乎別人眼光的人，反而顯得落落大方，讓更多人看重他。

俄國作家契訶夫（Anton Pavlovich Chekhov）說得好：「人世間有大狗，也有小狗。小狗不該因為大狗的存在而心慌意亂。所有的狗都應當吠叫，就讓牠們各自用自己的聲音吠叫就夠了。」真正成功的人生，不在於成就的大小，而在於你是否努力地去實現自我。

喊出屬於自己的聲音，走出屬於自己的道路吧！

我的美麗，只為自己綻放

減肥對於歐普拉來說，並不是為了討好那些只愛瘦美人的媒體。她曾說：「減肥最重要的問題在哪裡？是自尊。對於我來說，就是要愉悅自己的人生。當我意識到脂肪成了一個障礙，會影響到我的心情變好，它會阻止我快樂，那我就會剷除這個障礙。所以我夢想著某一天走進一個房間時，身上的脂肪不再是困擾我的問題。現在對於我來說，最重要的問題是讓自己呈現出最佳狀態。」

沒有自我的生活是苦不堪言的，沒有自我的人生是索然無味的，尤其是女人，一旦喪失了自我，無論你再怎麼取悅男人，都是枉然。取悅男人的辦法很多，女人最常用的但也是最無用的辦法就是折磨自己換取憐愛。大多數男人是不會因此而買你的賬；相反地，他們對那些無主見的女人嗤之以鼻，反而更喜歡獨立、有主見的女人。有時女人自己改變了，也能恰當地改變男人的看法。

太在乎他人隨意的評價，人生就會苦海無邊。他人公正的看法，應當做為我們的參考，以利修身養性；他人不公正的看法，不要放在心上，以免影響我們的心情。如此一來，我們就不會為別人的看法耿耿於懷，就能夠按照自己的意願去生活了。

有時候，太積極想要討好別人，反而容易失去自己。願意對別人好，其實並不等同於刻意討好別人，兩者的界線是：「自己原則的底限。」不論對待情人、家人、朋友、甚至陌生人，付出感情或心力之前，要先斟酌一下，這是不是我心甘情願的？日後想起來會不會後悔？想清楚了，再行動。如果發現自己底限嚴格、能付出的很有限，也不必打腫臉充胖子。寧願自私自利一點，也不要讓自己有血本無歸的後悔。

學會愛自己，讓自己的身體長得更強壯，讓靈魂陶冶得更高尚，這樣才能更好地關愛別人，也才能更好地去接受別人的關愛。正如世界上沒有十全十美的東西一樣，也不存在十足的完人。

一個人的價值並不是寄託在他人所給予的讚美或批評上，我們只要盡心盡力做就好，至於其他人如何的批評、如何的期許，就不必太在意。雖然不用太在意，但是在面對期許時要心存感謝，面對批評時要心存感恩。最重要的是要對自己的良心、對自己的努力奉獻負責；別人對你的批評、要求，那都是其次的。

只要你自己覺得美，喜歡你的人也覺得美，那就夠了。

PART 02

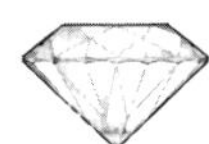

我是怎麼控制舞台魅力的

把親密談話搬到舞台上

歐普拉並非訪談節目的開創者，但卻是她為訪談節目注入「親密交流」的靈魂，使這種電視節目成功地發展為一個進入觀眾家庭生活的「談話客人」。歐普拉的巨大感召力，來自於她的真實，而不是喜怒不形於色。她與受訪者之間建立起深刻的互信，進而創建了一個她和受訪者敞開心扉、相互交流和共用人生經驗的平臺。

在這個平臺上，歐普拉將只有在私密環境中進行的「親密交談」，展現在向全球一百多個國家播放的《歐普拉・溫佛瑞秀》，而且歷時二十五年不衰。

歐普拉深諳電視媒體「掌握收視率的就是贏家」之道。她常說，「我要的，就是贏。」她在節目中談性侵，談性暴力，談同性戀，談受害者如何面對事實，走出創傷。二十五年來，談到揭人隱私，沒有人比她更在行。她的節目曾讓無數世界級名流揭露他們的愛恨情仇，透露他們深藏內心的魔鬼。

西元二〇〇〇年，歐普拉被美國《時代》雜誌評為二十世紀全球最有影響力的百大人物之一。雜誌專題文章指出，歐普拉理解電視的力量足以影響公眾與個人，她將陌生的個人聯繫起來。但是，歐普拉更深刻的貢獻在於，透過《歐普拉・溫佛瑞秀》，在自我的真誠投入中，與觀眾重建了日常生活的公共空間，使孤獨的個人生活獲得了親密交流的公共性。

大多數訪談節目中，主持人和來賓的界限都非常分明，更像是採訪而不是交談，我提問、你回答，有很大的距離感。歐普拉則把每一位來賓都當成是深夜談心的朋友。當某一位女士訴說自己被父親性騷擾的經歷時，歐普拉靠在對方的肩膀上哭泣了，這樣的場面怎麼能不讓觀眾感動呢？多年以來，歐普拉一直以單刀直入的尖銳訪問和真心誠摯的同情贏取觀眾的心。由於歐普拉長時間上密集在電視上曝光，於是全世界的觀眾看著她茁壯成為「日間談話的女神」。

現代社會人與人之間的情感距離愈來愈遠，冷漠、孤獨的感覺不斷襲來，人們需要的是朋友的問候和關愛，渴望促膝長談。歐普拉的「親密交談」正滿足了人們內心的這種需要，喚起人們心中溫暖和細膩的情感，才能獲得巨大的成功。

生活不有趣，那就把它談到生動

歐普拉在訪談時百無禁忌，無論任何敏感話題，她都侃侃而談，似乎在談論一件再正常不過的事。甚至在提到一些令人難以啟齒的話題，她的語調聽起來都十分的生動自然，不會讓人產生任何不快。

以至於那些不喜歡歐普拉主持風格的評論家都不得不讚揚她獨到的語調：「不管她多胖，她真的令人難以抗拒。」

歐普拉的節目形式是「親切談話」（rapport-talk），是你來我往的交談，強調自我啟發的親密關係。歐普拉把焦點從專家身上轉移到觀眾身上，講述個人問題。她也常在節目中講述自己的故事，比如她曾經抽過古柯鹼，甚至在孩童的時候遭到性侵害。這使得她的「脫口秀」更加親密，更加自白，更加個人化。歐普拉的脫口秀節目，實際上就是在聊天。侃侃而談，真心交流。那麼什麼樣的「聊天」才能夠吸引人，讓你的口才加分呢？

歐普拉在訪談過程中出了名的口無遮攔百無禁忌，用調皮的姿態來陳述一件正經的，或者甚至是麻煩事，進而讓話語變得生動。歐普拉曾經在觀眾面前大爆料，述說她個人減肥失敗的經歷、吸毒、墮胎史等等，這些令人震驚的事情，總是被歐普拉用活潑的話調侃出來。讓觀眾在會心一笑的同時，也感慨良多。

就算是面對巨星或大人物，歐普拉也不忘調侃。生動的語調、調皮的表情、閃亮的雙眸，讓來賓們無可奈何哭笑不得。她用調侃的語氣問美國女星布魯克・雪德絲（Brooke Shields）：「你真是個了不起的妞嗎？」又假裝嚴肅的問奧斯卡影后莎莉・菲爾德（Sally Field）：「睡覺時還戴假髮嗎？」

歐普拉甚至還問過美國總統歐巴馬（Barack Hussein Obama）是不是在夏威夷出生的，這個問題可是涉及美國總統的合法公民身分。就連美國搖滾天王麥可・傑克森（Michal Jackson）也未能逃脫歐普拉的調侃：「你啊，就在身邊人的馬屁裡找不著方向吧！」

即便會被問到隱私，被揶揄，甚至會感到尷尬，但這些名人巨星依然一個接著一個主動參加歐普拉的節目。因為每一個來賓都深知，在歐普拉調侃的背後，有一顆真誠的心，這顆心能引導他們說出心裡的話，能影響他們心裡柔軟的那個地方。而且能讓他們感覺到，無論什麼事，經過歐普拉幽默詼諧的一調侃，都變得無足輕重，都會轉化成一顆平常心，讓人們如常的對待生活。

用真誠去感動別人

跟一般的談話節目不一樣，《歐普拉・溫佛瑞秀》邀請的來賓並非是某一領域的專家或學者，而是普通大眾，談論的主題也集中在個人生活方面。

為了啟發來賓說出真心話，歐普拉常常用自己的祕密做「交換」。當來賓的故事令人感動時，她會和來賓一起抱頭痛哭；當她看不慣來賓的作為時，也會當場出言譴責。比起其他節目，《歐普拉・溫佛瑞秀》更直接、坦誠，也更具個性化。

歐普拉在接受訪問時說：「我最大的天賦是，無論做什麼事情，我一向能夠做我自己。我在鏡頭前對著一百萬看著我的觀眾，跟坐在這裡跟你講話，感覺一樣舒服自在。……當人們在看電視時，他們同時也在看自己。我想，我之所以主持得這麼成功，原因是人們感到真實。」……「我的節目沒有名氣響噹噹的來賓。能克服個人所遭遇到的不幸，或是在精神上、情感上有發展的人，是我比較感興趣的對象。」

有一次在節目上，一位婦女談起小時候被家人性侵害。「這種事也在我身上發生過。」歐普拉脫口而出地說，「事實上我一生中也經歷過所有的這些不幸。」歐普拉的觀眾接下來親耳聽她承認了這個隱藏多年不為人知的祕密。歐普拉告訴大家，九歲時，她在她母親的公寓裡受到叔叔川特（Trent）侵犯。「我從九歲就開始受到別人的性騷擾，一直持續到十四歲。」歐普拉令人驚愕的告白震驚全國，大家都為她的坦誠而震撼。

在歐普拉之前，大概沒有哪個脫口秀主持人在節目中「自曝醜事」，這在別人看來是無法想像的事情。然而也正是她的這份坦誠贏得了觀眾的心。很多主持人都只是一味地挖掘、甚至逼問來賓的故事和祕密，只有她肯拿自己的祕密和別人交換，因為她和來賓的地位是平等的，就像朋友一樣，她在觀眾面前既要表現自己，也不避諱自己的「醜事」，這種真誠形成一種巨大的感召力，讓無數的觀眾在震驚的同時也被她所征服。

其實，交換隱私也是一種獲得友誼的捷徑，當你對一個人透露出一點點個人隱私的資訊，立刻對他產生一種吸引力，得到了別人的隱私，便有義務做他的朋友。

如果對方不喜歡你，就跟他聊聊你自己吧，那些你生活中鮮為人知的瑣事往往就能軟化對方的心。

說真話的人才迷人

「一開始有人說我們的節目太聳人聽聞、太赤裸裸時，我還曾為此煩惱不已，但事實並非如此，我們只不過是關愛他人而已。我這樣做只不過像許多人一樣呈現出了自然的一面。很多記者喜愛我豐富多彩的性格，另外也有評論家承認，不管我多肥多高，但我讓人難以抗拒。而我只不過說出了大家想說又不敢說的話而已。」歐普拉這樣說。

敢於說真話，也許正是歐普拉和大多數主持人最大的區別所在吧，從二十幾歲參加防災小姐比賽開始，歐普拉就一直在說真心話，有時看起來甚至有點口無遮攔。她說自己如果有一百萬美元，一定會大把大把地花錢，成為一個瘋狂的購物者，她的真實讓評審覺得她十分可愛。在之後的電視節目中，她也很少遮遮掩掩，別人不敢說的她都敢說，別人不敢明著說的事情她也敢直截了當地說。雖然因此惹上了不少麻煩，但她依然堅持這種說話風格，所以這個說真話的「大塊頭」一直大有人愛。

「說出了大家想說又不敢說的話」，在歐普拉看來如此自然簡單的事情，在如今這個「沉默的大多數」的年代，又有幾個人能真正做到呢？每個人都害怕說錯話、害怕得罪人、害怕捅簍子，就像香港鳳凰衛視的談話主持人竇文濤所說：「在這個江湖裡頭混，總得通曉人情世故，什麼話能說、什麼話不能說、什麼話得這麼說、什麼話得那麼說。」總之，真話、實話絕對是稀世珍寶，而一旦有人敢於說真話必然能夠得到大批支持者的喜愛。

西元二〇〇九年，一名來自蘇格蘭的鄉村大嬸蘇珊・波爾（Susan Boyle）出現在選秀節目《英國也有大明星》（Britain's Got Talent）中。毫不起眼的外表，胖胖的身軀，使得她在第一眼就不被大家看好，甚至惹來了厭惡的眼神；四十七歲的蘇珊大嬸在踏上舞臺時受到這樣不善的矚目，卻沒有因此而卻步。

蘇珊貌不驚人、衣著寒酸，甚至有點語無倫次，但她一開口便震撼全場，而且迅速紅透英倫，人們喜歡她的美妙歌喉，更喜歡她的質樸與率真，如今清澈又渾厚的歌聲更是令全球無數人讚賞與感動。

即使我們不能像歐普拉那樣什麼都敢講，但起碼可以在保護自己的前提下，勇敢地發出自己的聲音，讓更多的人瞭解一些事情的真相。

對於你所擁有的，要心存感激，這樣你就會擁有更多。
對於你所沒有的，如果不停強調，你永遠都不會滿足。

真實就是我的王牌

在一檔節目中，歐普拉邀請了肇事者和曾被酒後駕駛的摩托車騎士撞傷並遭受重創的受害者們。她說如果她有一個二十歲的兒子，酒後駕駛而且還撞死了一名行人的話，她會在法庭上作證指控自己的兒子。

歐普拉這樣表示，「我會把他送進監獄裡。我會對他說：『我愛你，但你還是要為自己的罪行進監獄服刑。』我現在還沒有因為車禍失去過任何親人，但是關於交通肇事的法律如此之輕，讓我抓狂。我認為如果有人酒後駕駛的話，他就應該上絞刑架。」

人活著，就得不斷地與周遭的人溝通。溝通看來像是人與生俱來的能力，就如新生的小嬰兒就已經會以哭鬧的方式表示自己身體的不適。但是，隨著歲月的增長，人們溝通的對象愈來愈多，面臨的溝通情境愈來愈複雜，也就愈來愈不敢說真話。

歐普拉在節目中的這種直言快語的說話方式，乍看之下的確有些不妥，畢竟在電視節目上講話不能像日常生活中那麼直白、隨便，想說什麼說什麼，想到哪裡說到哪裡。然而從觀眾的反應來看，歐普拉這種直抒胸臆的說話方式似乎讓觀眾覺得很過癮、很真實、很坦誠，比起那些在節目中只說場面話或不敢得罪人的主持人，她讓人感到更加親切可愛。

韓劇《愛上女主播》當中也有類似的一幕，新聞主播甄善美在播報一條綁架兒童的案件時，忍不住心中的氣憤，脫口大罵綁匪，這在播報新聞時是絕不允許的，她以為自己以後再也沒機會播報新聞了，沒想到第二天一早就有很多觀眾打電話來，稱讚昨天這位女主播實在是太棒了，那種綁匪就是該好好痛罵一番。結果甄善美不但沒有被罰，反而得到了別人夢寐以求的晨間新聞主播的位置。

現實中的歐普拉也好，電視劇裡的甄善美也好，雖然乍看之下會讓人大跌眼鏡，但是她們那種真誠坦率、快言快語的風格著實征服了不少觀眾的心。當然，這種表現也要適度，只有在合適的時候恰如其分地表現出來才能發揮正面的效果。

現在的社會，「見人說人話，見鬼說鬼話」仿佛已經成為常態，但是如果人人見面時，都講表面話、戴著面具，不但自己不好過，也會增加人與人之間的疏離感。真實，「坦率不做作」才是增進人際關係的不二法門，也才能讓我們活得心無掛礙、輕鬆自在。畢竟，說真話的最大好處就是你不必記得你都說些什麼。

沒有最直接，只有更直接

歐普拉剛開始主持《早安芝加哥》時，就因為大膽隨意的語言引起評論家和觀眾的議論。她什麼都敢說，什麼話題都敢碰。她在討論新的節食計畫時轉向觀眾，說：「哦，沒錯。這個能讓你的大便好聞一點。」她在採訪負責預防損失的一位百貨商店官員時，問道：「如果你逮到有人偷竊會怎麼辦？他們會不會真的像傳聞中提到的那樣失去自控呢？我的意思是，他們會不會精神崩潰，大小便失禁呢？」她曾問一位女士：「你為什麼要當同性戀呢？」觀眾欣賞這種一針見血式的提問法，這讓她的訪問更有魅力。

歐普拉深諳電視媒體「掌握收視率的就是贏家」之道。她常說，「我要的，就是贏。」她在節目中談性侵害，談性暴力，談同性戀，她訪問A片的男女主角，讓他們在眾目睽睽下公開生殖器。二十五年來，談到讓受訪者說出心底話，沒有人比她更在行。她的節目曾讓無數世界級名流揭露他們的愛恨情仇。

歐普拉這種直截了當的說話風格非常鮮明，很多在別人看來需要委婉地說、拐彎抹角地說的話，她到毫不隱晦地直接脫口而出，常常讓人冒出一身冷汗。也許在她看來，沒有最直接，只有更直接，與其遮遮掩掩，不如直接爆料，給來賓和觀眾來個「驚喜」，觀眾喜歡的也就是她這種大大咧咧的說話方式。

通常對於一些敏感話題、難於啟齒的問題，我們都會先做些準備，或者換一種比較好聽的方式來說，因為要顧及對方的感受，是出於對對方的尊重。乍看起來，歐普拉這樣直接的說話似乎有一點冒犯到了別人，但為什麼沒有人因此而覺得不高興呢？不妨換個角度來想。

你拐彎抹角的說一件事情說明你對此非常在意，如果你說得很自然則是因為你覺得很正常沒什麼；你和一個人用非常委婉的語氣說話，那麼你和他一定刻意保持距離，而當你和他說話隨隨便便不打草稿才顯得出你把他真的當朋友。

歐普拉這種直截了當地說話方式，恰恰讓人感覺到輕鬆和自然，就好像朋友在聊天、互相逗笑一樣，這大概就是她廣受喜愛的原因之一吧。

表現出自己的敏感與直率

> 歐普拉在電影《紫色姊妹花》中扮演索菲亞，其中的一幕索菲亞重擊了白人市長，歐普拉回憶當時的情況時說：「史蒂芬‧史匹柏讓白人演員叫我『黑人』，但是他沒告訴我他打算採取什麼措施。『你這個肥黑鬼婆娘』他們這樣說……從來沒有人這樣叫過我。我也不需要裝作自己是什麼演技派演員……我非常震驚，也很生氣……於是真的對市長狠狠下手了。」歐普拉毫不造作的表演非常出色。史蒂芬‧史匹柏對她即興創作的天賦印象深刻，因此在拍攝過程中特別增加了她的特寫鏡頭，電影推出後，歐普拉果然獲得好評，大家紛紛注意她主持以外的表演能力。

歐普拉知道自己並不是演技派演員，她的聰明之處就在於巧妙地利用了角色與自身的相似之處，自己不就是劇中那個敏感而又直率的黑人女性嗎？她不是在表演，而是表達自己本身，把自己最真實的情感表達出來，表現得相當真實，可圈可點。

敏感而直率的個性，也許用在新聞記者上並不適合，但卻意外地在電影上幫了歐普拉的大忙，這得益於歐普拉能夠正視自己個性上的特點，她知道應該把這種特點用在什麼地方，而不是因為在新聞記者上受挫，就否認自己的這種個性。

放眼芸芸眾生，我們只是滄海一粟，渺小如浩瀚大海中的一滴水，全世界有六十多億人，我們只是其中之一，多麼渺小。可是，渺小並不意味著可憐，渺小也不代表可以隨便否定自己。如果我們自己都隨便否定自己，又怎麼能要求別人來承認你呢？肯定自己，才能讓自己這滴水匯入河海；否定自己，只能眼睜睜地看著自己被蒸發掉。即使一滴水也能折射出太陽的光輝，即使一顆流星也能劃破夜空的沉寂，即使一粒糖也能品出絲絲甘甜，世界萬物都有自己獨特的價值，不是嗎？

每個人生來都是獨一無二的，個性是上天賦予每個人最特殊的禮物，也許有的時候你的某種個性確實讓你吃盡了苦頭，但這並不是你的錯，更也沒有必要否定自己，認為別人個性好，自己個性不好，每種個性都有它獨特的魅力所在，只是你還沒有找到適合它發揮的地方。

最重要是要對自己有信心，認真分析自己的個性，學會在合適的時候利用自己的個性，讓它幫助你取得成功。

「糗自己」是引起注意最安全的作法

最安全的幽默莫過於「自嘲」了，歐普拉信奉「和自己的影子談戀愛沒有情敵」，因此她總是將自己束縛在靶心，而從不擔心幽默太過頭使得對方哭著跑來和她算帳，因為她幽默嘲笑的對象就是自己。

歐普拉在自嘲這一方面可以說是天賦異稟，功成名就時，她被黑人同胞妒忌，於是她自嘲道：你羨慕我什麼呢？不會是我的好身材吧？當她被選為黑人小姐冠軍時，為了安撫同伴，依然選擇自嘲：天啊，美女們快來揍我吧，我和你們一樣意外！

自嘲為歐普拉換來了無數的掌聲，給觀眾帶來了無數歡樂，而且，在步入電視行業之初，自嘲也曾幫助歐普拉擺脫過場合上的尷尬。在觀眾面前，歐普拉「自嘲」得最多的就是自己的體重。

西元一九九二年，歐普拉第三次獲得日間艾美獎（Daytime Emmy Award）的「最佳脫口秀節目主持人」時，面對很多沒有得獎的同行，她又適時地幽默了一把：「我得搖搖擺擺的走上臺去，那種滋味真不好受，全世界的人都在看我的大屁股。」實實在在的自我嘲諷一下子減少了同行心中的妒忌之情。很多心中暗自不爽的白人美女明星們也被逗笑了。

電影《紫色姊妹花》大受好評，雖然沒有奪得奧斯卡小金人，也著實讓歐普拉大為風光。但她非但不張揚自己的榮耀，反而說：「上帝跟我說，歐普拉，你沒法子上臺去頒獎，因為你太胖了，衣服扯那麼緊，你是沒辦法上臺領獎。」對自己體重的調侃又一次讓人們把目光從電影的大賣上轉移開來。

自嘲是歐普拉主持節目中的一大武器，既能幽默全場，又不開罪任何人，實在是一舉兩得。在人際交往中，如果你不能恰到好處的拿捏幽默的尺寸，不妨試試自嘲吧！

用厚臉皮的幽默感來控制全場

歐普拉曾採訪過五十六歲的美國著名演員伊莉莎白・泰勒（Elizabeth Rosemond Taylor）。她派專機將員工送到洛杉磯，在酒店內錄製節目，當時錄影棚內沒有一名觀眾，因此歐普拉感覺壓力很大，儘管她用盡了甜言蜜語，但是從這位好萊塢女星嘴裡卻套不出一句話。

當歐普拉問到她的個人感情問題，伊莉莎白・泰勒厲聲說道，這不關你的事。有媒體評論伊莉莎白・泰勒「真夠厚臉皮。」好在歐普拉採取了幽默手段，她對泰勒說：「你太真實了，什麼都沒說，我建議你最好別透露這麼多祕密，泰勒小姐。」

幽默的人舉重若輕，能將很多大事化小，小事化了。歐普拉曾經無數次憑藉幽默的細胞，將舞臺氣氛控制得恰到好處，化解了令人難堪的尷尬。歐普拉用她的幽默將人們帶離痛苦的感受，幫觀眾說出一些難言之事，並且在難以抉擇的情況下幫助觀眾成功地找到方向。

幽默是歐普拉個人素養成熟的表現，像她這樣善於在沉悶的生活中使用幽默的人，更容易領略到人生不一樣的風景，體會人生的精妙與美好。一個真正幽默的心靈，必定是富足，寬厚，開放，而且圓通的。反過來說，一個真正幽默的心靈，絕對不會固執成見，一味鑽牛角尖，或是強詞奪理，厲色疾言。

在日常生活裡，難免會有感到尷尬或對立有衝突的時候，如果適時的幽默感出現，可以巧妙化解尷尬或是轉變情勢讓。在一次活動中，有人以不記名的紙條向美國總統林肯提出問題，由他來解答。紙條上面寫著「笨蛋」，林肯看了看說：「我以為紙條上寫的都是問題，卻沒想到有人把名字給寫上去了。」

幽默，是溝通說服最有力的一種方式。有幽默感的人，不僅可以讓聆聽者覺得放鬆而溫暖，更可以讓批評者解除武裝，無法再咄咄逼人。幽默，恆在俯仰指顧之間，從從容容，瀟瀟灑灑，渾不自覺地完成。真正具有幽默感的人，如歐普拉，往往能損己娛人，反躬自笑，豈不可愛？人生路上，總會有些不如意，總會有些無奈。而幽默這種特殊的情緒表現，可以淡化人的消極情緒，消除沮喪和痛苦。

幽默，讓我們脫離尷尬的窘境，讓我們的心態在沉重的壓力下得到鬆弛和休息。

用幽默擊退尷尬時刻

有一次，歐普拉採訪喜劇演員麥克，現場播放了麥克小時候住過的貧民區的影片。麥克正當紅，歐普拉擔心播放大明星苦難的過去會顯得不厚道，甚至讓觀眾感到尷尬。於是歐普拉把自己扮成了壞壞的角色，暗示麥克自己講述悲慘童年。

麥克很聰明，馬上回應到：「小時候我的家裡非常窮，境況非常窘迫，為什麼這樣說呢？你們知道嗎，那時候我們好不容易找到了一座房子，結果……『結果你們搬進去，蟑螂搬出來了。』」歐普拉順勢接話，觀眾們馬上爆發哄堂大笑，尷尬的氣氛一掃而光。

不少大明星曾在歐普拉的節目中領教過她犀利的語言風格，歐普拉的問題總是一針見血直指人心，讓很多來賓束手無措無力還擊，但非常奇怪的是，從沒有人記恨歐普拉這種直率的採訪風格，無論受到怎樣的刁難，在之後的交往中，他們還是會衷心的欣賞歐普拉的口才，欣賞她的為人。

因為，每到千鈞一髮的尷尬時刻，歐普拉就會拿出她的殺手鐧——幽默。於是很多次都能夠化尷尬為笑聲。有時候幽默還不夠，歐普拉甚至會不惜形象的「變身」。當她要談論敏感的的話題時，總會搖身一變成街頭小混混，用最平民的口吻和來賓以及觀眾交流。

有時，她會壞壞的逼問對方是否是處男，一定要對方在大眾面前大談床事，有時又嬉皮笑臉的套出對方最不願意面對，而觀眾十分好奇的感情路程。

這樣坦率的、壞壞的「逼問」無傷大雅，反倒為歐普拉平添了幾分俏皮可愛。雖然讓一些循規蹈矩的衛道人士恨得咬牙切齒，但無奈的是，歐普拉深受廣大觀眾的喜愛。

德國著名的霍夫曼（Hoffman）將軍有一次到慕尼黑去視察軍隊，軍隊為他舉行了晚宴，有一位中士為他斟酒時，因為緊張，居然把酒灑到了將軍的禿頭上。在場的軍官和士兵都非常的驚愕，不知如何是好。這時，只見霍夫曼笑著說：「小夥子，我這腦袋已經禿了二十年了，你這個方法我也用過的，謝謝你。還是得告訴你，根本不管用！」霍夫曼將軍善用幽默，巧妙化解了尷尬，而且贏得全體將士們的尊重。

人際交往中，尷尬在所難免。尷尬的場面實在令人討厭，躲也躲不掉，忘也忘不掉。最好的辦法是拿出你的幽默，像歐普拉一樣，化尷尬為笑聲。

風靡全美的歐式幽默

西元二〇〇九年，歐普拉和著名影星休．傑克曼（Hugh Jackman）同臺獻藝，傑克曼出其不意的給了歐普拉一個結結實實的熊抱。這一意外的舉動不禁讓在場的其他美女明星大為吃醋。這可是排名在世界前五十名的帥哥，卻獨獨把擁抱給了其貌不揚的歐普拉。

歐普拉既沒有大吃一驚，也沒有忸怩作態，而是用一邊誇張的大笑一邊接納了這個擁抱。歐普拉什麼都沒說，只是配上了一副壞壞的痞氣十足的笑容，就讓在場的其他女星妒火頓消。她那個仿佛撿到什麼大便宜的笑容，實在太讓人忍俊不禁了。

提起黑色幽默，大家都不陌生。黑色幽默浪潮始於西元一九六〇年代的美國。從某個意義而言，黑色幽默帶有些許的傷痛，在玩笑中總有某人或某事被嘲弄或被傷害了。而歐普拉發明的「粉紅色幽默」則帶有玩世不恭的現實主義風格，帶有潑皮式的詼諧態度。

根據統計，歐普拉的擁護者大多數是婦女，雖然沒有在物質上遭遇困境，但這些婦女普遍存在巨大的心理壓力，歐普拉嬉笑怒罵的「粉紅色幽默」，正是她們想做而又不能做到的。「粉紅色幽默」不僅成了歐普拉的一大特色，甚至成了她受人尊敬至關重要的原因。

歐普拉總是在和重量級明星的交流中使用自己的粉紅色幽默，

既不沉重，又不失體統。西元二〇〇〇年，在與前美國副總統亞伯特·高爾（Albert Gore）的會面中，歐普拉見高爾在電視機面前給了老婆一個深情的長吻，便拿出她的粉紅色幽默道：「你不吻我一下嗎？我也在等著呢？」亞伯特不好意思的笑了，說道：「那不是一時的激情，那是我們倆一生中很重要的時刻，她是我的知己，我願意用吻來表達自己對她的愛意。」

能讓堂堂副總統在電視機前深情表白，恐怕也只有歐普拉的「粉紅色幽默」有這樣的力量了吧。

一顰一笑，就能使人傾倒

儘管對歐普拉的學識產生過質疑，但從沒有人懷疑過歐普拉的真誠。她總是試著在她和觀眾之間尋找共鳴。每當她感受到了和觀眾或者受訪者之間的共鳴時，就會在頭頂揮舞著雙手，富有感染力。

有一次，一車的孩子從歐普拉身邊經過，歐普拉大力和他們揮手，眉開眼笑，眼睛裡散發著柔和的光芒，就像甜美的女神一樣惹人喜愛。

歐普拉雖然被稱為女王，卻也有著「鄰家大姊」的親和力。這都要得益於歐普拉的微笑。微笑能引發人們心靈之間的溝通，給人一種沐浴春風的感覺，在無形之中拉近了人們彼此間的距離。常常面帶笑容的人，會給人一種隨和的親近感。你是否有過這樣的體驗：「當對方的目光直視你時，你會發現無法和對方對視，只能逃避他的眼神；當對方向你展露魅力十足的笑容時，你會感到一股和善的暖流撲面而來，瞬間就被他征服。」這就是肢體語言的魅力，微笑的魔力。

和來賓意見不合時，歐普拉有時會用微笑來表明她的立場。曾經有一位不夠有風度的男觀眾對歐普拉發火，歐普拉並沒有用言語針鋒相對，而是面對著他展露出一個迷人的微笑，好像在說：「請不要對我無禮和粗暴。」這種無聲的肢體動作比語言更加直接，不但能壓制對方的氣焰，更能展現歐普拉過人的修養。

在宴會等社交場合中，歐普拉也往往會用微笑來表現自己的端莊和尊嚴。她淺淺的微笑不單是表示愉快的心情，也是她人格、舉止、修養、魅力的自然流露。大多數男士因此感覺到像歐普拉這樣的女性是值得尊重和富有魅力的。

微笑是世界上最美麗的表情，不能表情，不用語言卻能溝通彼此，拉近距離。有一位獨居的小姐聽到敲門聲，打開門，竟然面對一個持刀的年輕人。她看他微抖的手上拿著一把菜刀，便強作鎮定笑著問他：「你賣菜刀呀？多好，我正打算買一把呢！」錯愕不已的歹徒，居然一溜煙地跑掉了。微笑就有這樣的魅力，令凶狠的心柔軟下來，令暴戾轉為祥和，令悲痛得到止息。

你有多久沒有微笑了？

在最短時間掌握人的個性

因為童年時期的不幸遭遇，歐普拉見識了社會最底層的人生百態，這為她後來在節目中，迅速判斷出來賓的個性有很大幫助。歐普拉的節目不僅僅邀請大明星，公眾人物，社會上的三教九流，政治家、演說家，甚至有過心理疾病的普通人，都會成為她的受訪對象。如何和這些人拉近距離，就成了首要問題。

歐普拉總是能迅速的判斷出對方的個性，然後將自己的個性和來賓的個性融合，這樣一來就能取得來賓的信任，訪談也能順利進行。

歐普拉身為主持人，已經對舞臺瞭若指掌，但上節目的來賓並不是人人都對舞臺產生熟悉感。有很多普通百姓，都是第一次在眾目睽睽之下接受採訪，如何讓他們順利的道出自己的心聲，對此，歐普拉有她自己的一套。她善於發現這些普通人身上所顯現出來的特點，在短時間內掌握對方的個性風格，使得節目順利進行。

歐普拉的這種能力，是一種知彼的能力，想要說服別人，擁有說服技巧，首先一定要自己具備靈活、富有彈性的頭腦，能夠應付各種風格的人，更重要的是必須抓住他人性格特點。摸清楚他人的心理要求和對待問題的態度。再根據自己的心理和性格特點與之相結合，營造出和諧的氣氛，這樣才能夠增進雙方的瞭解，分享彼此的意見和思想。

歐普拉之所以能夠具備這種「知彼」的能力，主要得益於成長過程中的經歷，因為看慣了人情冷暖，所以對人的心，歐普拉也能有敏銳的洞察力。正因為歷經坎坷的遭遇，歐普拉總能對觀眾的磨難表達同情，並坦然面對自己的不完美。她除了坦言九歲曾遭凌虐的不堪過往，也不諱言自己和一般人沒兩樣，得終日與體重奮戰。這不但拉近她與觀眾的距離，更讓人們相信，只要她能克服難關，自己也做得到，這顯然已超越脫口秀主持人的角色。

所以，如果想達到「一眼識人」的境界，還要多多經歷，多多觀察這個社會。

創造可以讓人歡愉談話的情境

一開始的時候，節目製作人對歐普拉的講話風格很頭痛，認為那樣太過頭了。歐普拉說：「管理階層不想惹麻煩，但是還想提高收視率。我跟他們說我會適可而止……事實上我也是這麼做的。」她知道如何提問既讓觀眾活潑，又不讓場面難堪到無法進行。

歐普拉還知道怎麼樣對大家講述自己成功的故事，讓觀眾不禁為她的成功喝彩。大多數媒體都非常贊成她的這種自我推銷方式。或許其他人這樣做他們會覺得是自大的表現，但是一到歐普拉身上他們就認為這很可信。

在社會交際場合，尤其是電視機前，每個人都會格外注意自己的形象，都會比平時表現出更為強烈的虛榮心和自尊心。在這種心態支配下，如果你沒給對方留面子，他就會產生比平時更為強烈的反感。

每個人都有一道最後的心理防線，一旦我們不給他人退路，不讓他人走下臺階，他只好使出最後的一招——自衛。所以不管歐普拉在節目中如何犀利，如何拿人調侃，她都謹記一條：別讓人下不了臺。

法國知名作家莫泊桑（Guy de Maupassant）年輕時曾當時全國著名的作家布耶（Louis Bouilhet）和福婁拜（Gustave Flaubert）請

教詩歌創作。兩位大師一邊聽莫泊桑朗讀詩作，一邊喝香檳酒。布耶在聽完後，說：「你這首詩，句子中的意象過多，雖然不易理解，像吃一塊牛筋；不過我讀過更壞的詩。這首詩就像這杯香檳酒，勉強還能吞下。」這個批評雖嚴厲，但仍留有餘地，給了對方一些安慰。由此可見，忠言也是可以不必逆耳的。

如果你能為陷入尷尬境地的對方提供一個恰當的臺階，使他免丟面子，這不僅能使你獲得對方的好感，而且也有助於你樹立良好的社交形象。相反地，如果對方因為沒能下得了臺而出了醜，他可能會記恨你一輩子。

每個人都難免因一時糊塗做一些不適當、錯誤的事。遇到這種情況，一定要儘量避免觸及對方所避諱的敏感區，避免使對方當眾出醜。必要的時候，可委婉地暗示對方他的錯處或隱私，但不可以過分，只需要點到為止，決不能傷了對方的面子。

給人面子，就是給自己面子，而形成「雙贏」。給人留面子，既能顯出你的涵養，也能贏得別人的友情，這樣的好事，何樂而不為呢？

比口若懸河更重要的是靜下心來傾聽

歐普拉有這樣一種魔力，即使她坐在那裡，一句話也不說，也似乎讓人覺得，她就是天底下最擅長講話的人。歐普拉用實際行動證明，在談話中的傾聽有多麼重要。由於傾聽對方心底的聲音，對方就會打從心底得到一種認同感。

歐普拉的摯友瑪雅．安傑羅（Maya Angelo）評價歐普拉具備一種非常偉大的特質，當來賓感到脆弱時，她能夠感同身受，並且能找到與他們達成共識的辦法，慢慢帶動來賓的心，一起走向光明的途徑。每當歐普拉進行採訪時，她總是最先選擇傾聽，而不是迫切的表達自己。

說與聽，是溝通的兩大要件；但是大家都急著說，卻少有人用心聽。想想你對上次那位願意聽你訴說的人有多感激，立刻就能瞭解傾聽有多重要。然而，話雖人人會說，可不是人人會聽；傾聽需要耐心，更需要學習。老天給我們兩隻耳朵一個嘴巴，本來就是讓我們多聽少說的。善於傾聽，才是成熟者最基本的素質，也才讓人想要親近。

大多數人以為，歐普拉在節目中的主要任務就是說話，說得多且說得好，但實際上，有時候歐普拉也會一句話不說，靜靜的坐在一旁做傾聽者和觀眾，那種沉默，有時比滔滔不絕的效果更好。因為傾聽能讓對方從心底油然生出一種認同感，有了認同感，對方才會信任你，才會願意對你傾訴更多。

想要在談話中處於主動，就要讓對方說話，並且認真投入地聽對方說。如果在交流的過程中出現了不同意見，也不要急著打斷，而要等對方陳述完畢，聽清楚了對方的意圖再做回應。無論出於尊重還是解決問題的角度，我們在傾聽的時候，都要做到用心。儘管歐普拉更多的時候在滔滔不絕，但需要傾聽的時候，歐普拉不僅會用心聆聽對方的講話，還會注意對方的表情，並且在對方表現出喜怒哀樂的神情時，歐普拉也會做出相應的反應，這就讓傾訴者找到了「知已」的感覺。

歐普拉的傾聽，實際上掌控了對方的情緒，成為這場談話的主導者。所以，適當沉默，適當傾聽，能為你帶來更多的資訊。

傾聽是一種藝術，運用巧妙，往往會取得意想不到的效果。向歐普拉看齊，效仿歐普拉，耐心的與人溝通交流，用心的傾聽對方，讓對方暢所欲言，你才能順利的走近對方的身與心。

控制談話的節奏，引領別人的情緒

西元二〇〇二年，歐普拉曾經主持過一檔節目，來賓是一位謀殺了自己孩子的年輕母親，如此極端的話題很快便引起了觀眾們的注意。為了不讓節目的氣氛太過壓抑和悲傷，歐普拉非常小心和努力的控制著全場的節奏。歐普拉在採訪這位年輕母親時，常常會停下來，有的時候甚至沉默不語。但她並沒有停止帶動觀眾的情緒，被殺兒童的照片，守夜的蠟燭，父親在孩子墳墓邊的哭泣，都讓觀眾們在這種極強的感染力中感受到生命的可貴。

每年下來，歐普拉要採訪數百名的來賓，她不是萬能的上帝，不可能和每個人的脾氣秉性都相投，但是和這些性格迥異、有時甚至是身心有障礙的人們交流，歐普拉是如何做到和他們愉快溝通的呢？

歐普拉不可能根據每個人的喜好去順從對方，相反地，歐普拉有自己的節奏，並且她總是能讓來賓在自然的情況下跟著她的節奏走。西元二〇〇一年美國發生九一一恐怖攻擊事件後，歐普拉開闢了一個以《音樂撫慰我們的心靈》（Music to Heal Our Hearts）為題的節目，用音樂安撫傷者的心靈。那一檔節目中，歐普拉著重於以情感人，講話時也很注重張弛有度，既能讓觀眾感覺到哀傷，也能讓觀眾從哀傷中看到希望，音樂的主題也十分豐富，既有幽默、歡樂，也有悲傷、哭泣，在多元形式的音樂聲中，悲痛中的觀眾們終於重拾信心，重新燃起了對生活的期望。

如果歐普拉受到來賓故事的感動，她會哭泣或者給他們一個擁抱。美國暢銷書《你就是不明白：男人和女人的交談》（You Just Don't Understand：Women and Men in Conversation）的兩性作家黛伯拉·泰南（Deborah Tannen）說：「歐普拉的同情心、愛心和誠實，使她成為美國最受人愛戴的婦女。她是每天造訪兩千萬家庭的親密朋友，是在廣泛的話題上對全神貫注的觀眾進行教育的老師。」

張弛有度的談話讓歐普拉的節目深入人心，同樣地，張弛有度的談話方式也能讓我們在與人交往時受到歡迎。掌握了節奏，營造能讓雙方產生共鳴的氣氛，這樣的談話，別人才不會覺得你乏味無趣，才會更樂意和你分享資訊。

在該做事的時候，做該做的事

電影《摯愛》讓歐普拉花費鉅資和心血，投資拍攝電影時，歐普拉恨不得將自己完全投入進去，但令歐普拉傷心挫敗的是，這樣一部嘔心瀝血拍攝出來的電影，卻沒有如預期般受到好評。

歐普拉說：「我很少出錯，這是第一次，讓我感覺到自己做錯了。我很用心的反省和懺悔，試圖找到原因，從中汲取教訓。我覺得我愧對了六千萬觀眾，只要一想到這件事，我的心情還是會很糟糕。」

歐普拉的語言風格向來犀利逼人，如果你認為她不會向別人低頭，那你就大錯特錯了，天底下恐怕沒有從來不犯錯的人，懂得知錯認錯才是歐普拉的氣度和格局。

歐普拉擁有精彩而慓悍的人生，甚至偶爾也會做一些別人無法理解的瘋狂事，因而被別人議論紛紛甚至誤會。但她從不解釋，因為她有「走自己的路，讓別人去說吧。」的胸襟和氣度。不過，只有在沒有犯錯、沒有對別人造成傷害的前提下，歐普拉才會堅持這樣灑脫勇敢的生活態度。她雖然強勢但是有禮，因為歐普拉深知，犯錯的時候是需要用真誠的道歉來挽回自己的失誤，這樣才是最有修養最有氣度的女王。

我們都會犯下錯誤，但是別全部推給外在因素，自己同樣有責任，勇敢承認自己的錯誤，讓自己在將來做得更好。正如美國鋼鐵大王卡內基所說的：「如果你能勇敢承認自己錯了，那你一定能從這個錯誤中獲得益處。因為承認錯誤，不僅可以贏得別人的尊敬，也可以增加你的自尊。」

我們不可避免地說錯話或做錯事，為此，誠懇地向他人表達歉意也就在所難免了。生活中有些人總是自視清高，即使自己犯了錯誤還是死不承認，不輕易低頭。殊不知，這樣雖然自己在心理上感覺勝利了，實際上卻是失掉了人心。

道歉並非恥辱，而是真摯和誠懇的表現。有的人雖然道歉了，但總想為自己的過失尋找藉口，以保住自己的面子。這樣做，只能讓人覺得你沒有誠意。

沒有誠意的道歉是不會獲得他人的諒解的。

把失敗「掛起來」，正視它然後跨過去

歐普拉親自指導拍攝的電影《摯愛》雖然失敗了，既賠了錢，又砸了口碑，但她決定從這裡開始改變自己。歐普拉將自己扮演女主角塞斯（Sethe）時拍攝的一張大照片框了起來，掛在她的辦公室門外，旁邊還有一根大皮鞭，用以讓工作人員提供對自己和對節目的新見解。

能夠把自己的失敗掛起來讓每個人都能看見，的確需要很大的勇氣和氣度，歐普拉這次拍攝電影雖然票房慘敗，但她卻不失風度。既然做得不好就要承認，與其自欺欺人地安慰自己，還不如把它大大方方亮出來，提醒自己不斷反省注意，也讓其他人來幫助自己做得更好。歐普拉這種面對失敗的雍容大度，使得她能夠從失敗中迅速站起來。

人最難的就是有自知之明，清楚明白地知道自己的缺點、敢於承認自己的缺點，不是一件容易的事。有些人「聞過則喜」，有面對缺點和失誤的勇氣，並且努力糾正自己的錯誤，使自己不斷進步。有些人卻「聞過則怒」，對自己的缺點無改過之意，甚至否認自己存在錯誤，結果，缺點和失誤愈來愈嚴重，最終可能發展到不可收拾的地步。

人們在現實中都追求正確、反對錯誤，但是如果被這種觀念束

縛就很難進步。犯錯是創造性思考必要的副產品，有的時候正是因為人們犯了錯最終才走向成功。失敗也可以作為成功的墊腳石，因為失敗可以告訴我們在哪些地方需要改進。正是因為有了失敗，才能總結經驗教訓，尋找合適的方法和方向。

失敗並不可怕，可怕的是被失敗打敗，從此一蹶不振。但是，一個人若對自己的失敗停留在表面認識而不用行動改變，那麼失敗也失去了意義，正視是前提，改進則是正視失敗的核心。有勇氣承認，更要有勇氣改進，把改進作為全新的起點，整裝待發。

拳王路易斯（Joe E. Lewis）曾保持多年的重量級冠軍，在巔峰時期他被體壇封為「擊不倒的力量」。但是他剛剛步入拳壇時，表現頗為拙劣，經常被不知名的業餘拳手擊倒。他最差的紀錄是在一場業餘比賽中，被擊倒高達九次之多。但是他仍繼續嘗試，絕不氣餒，終於成功。

人生若是一場戰鬥，那麼這場戰鬥值得我們全力以赴，爭取勝利。

把一切成敗歸諸於己，不然你就錯了

電視影集《釀酒廠的女人》大獲成功之後，歐普拉決定拍攝電視系列影集《釀酒廠》，但收視率卻非常低，播出十集後就被取消了。

歐普拉說：「我儘量避免問這樣的問題，『為什麼這種事會發生在我身上？』因為我不願意這樣浪費時間。相反地，我想盡辦法思考自己為什麼選擇去拍攝這一系列片子。這才是你需要的答案。這關係到對你做出的選擇承擔責任。不管什麼時候，只要你在自身外尋找原因，那肯定錯了。」

的確，我們在遭遇失敗或不幸之後，常常習慣性地抱怨「這種事怎麼就讓我遇上了？」仿佛整件事情和自己一點關係都沒有，都是外界的原因。自我安慰也好，逃避責任也罷，如果一旦失敗就抱著這種心態，那麼就無法得到經驗和教訓，難保下一次不會敗在同樣的事情上。

歐普拉告訴我們，面對失敗要學著在自己身上找原因，事在人為，得到這種結果總是因為自己有做得不夠、做得不好、做得不對的地方。教訓是對挫折與失敗的理性思考，它告訴我們的是「我該如何改善」。

吸取教訓，理性地分析產生問題的原因，從中尋找出帶有普遍性的規律和特點，可以使我們對客觀事物的認識更加準確深刻。教訓既可以給遭遇挫折的人留下避免再次失敗的指標，同時又可為他人留下前車之鑒。古今中外，有識之士無不是從自己或他人的教訓之中，尋找良方，避免重複的失誤，進而獲得成功。

孟子曾說過：「仁者如射；射者正己而後發；發而不中；不怨勝己者，反求諸己而已矣。」仁者立身處也像射箭一樣，射不中，不怪比自己技術好的，只會從自身找原因。不過，很多人都缺乏自我省察的能力，沒有勇氣面對。

反省是一種學習能力，反省的過程也就是學習的過程。如果我們遇到挫折能夠不斷自我反省，並努力尋求解決問題的方法，從中悟到失敗的教訓和不完美的根源，努力糾正，這樣就可以在反省中清醒，變得有睿智。反省是一面鏡子，它將我們的錯誤清清楚楚地照出來，使我們有改正們機會，成長正是來自於挫折中的深刻自我反省。

可見，失敗的教訓同樣是一筆可貴的財富。

只要肯用心，方法總比問題多

有一次，為了盡快完成電影的拍攝工作，歐普拉打算暫時放下電視臺的節目，集中精力拍攝電影。電視臺本來答應讓她放假十二個星期，結果卻反悔了。無奈之下，歐普拉只好強硬爭取，宣稱說假如電視臺不信守諾言，她就辭職。接著，賈寇比將歐普拉所有的帶薪休假和病假集中起來，湊足了時間。他還告訴歐普拉，讓她考慮製作自己的節目，建立自己的錄影棚，這樣就可以完全掌控自己的工作生涯了。

一邊是自己喜愛的工作，一邊是自己渴望已久的電影，歐普拉哪個都不想耽誤，電視臺的反悔讓她一時陷入困境，但是利用強力爭取假期以及調整工作安排，最終還是解決了時間的問題，使得電影的拍攝工作可以如願進行。可見，只要肯解決，方法總會比問題多的，很多看似不能解決的問題，到最後總是能克服。

遇到問題，首先我們要從心理上戰勝對困難的恐懼，心理暗示的力量是巨大的，同樣一件事情，如果你相信它能夠解決，就總會想出辦法。如果你認為事情無法改變，那麼你多半也不可能解決它。

其次，許多人喜歡把各種問題當成藉口，因為各種客觀原因的限制，所以自己沒把事情做好。殊不知，藉口可以讓人活得心安理得，也可以讓人活得虛無縹緲。如果你總是有理由失敗，那就不會有可能成功。若要想做成一件事情，就要謹記：只為成功找方法，不為失敗找藉口。當遇到問題和困難的時候，先別說難，先問問自己有沒有全力以赴。主動去找方法解決，而不是找藉口迴避責任，找理由為失敗辯解。

成功學家拿破崙・希爾曾經說過，在失敗面前至少有三種人：第一種人，遭受了失敗的打擊，從此一蹶不振，成為被失敗擊垮的懦夫，此為無勇亦無智者。第二種人，遭受失敗的打擊，並不知反省自己，總結經驗，只憑一腔熱血，勇往直前。這種人，往往事倍功半，即便成功，亦如曇花一現，此為有勇而無智者。還有一種人，遭受失敗的打擊，能夠極快地審時度勢，調整自身，在時機與實力兼備的情況下再度出擊，捲土重來。這一種人堪稱智勇雙全，機遇常常降臨在他們頭上。即使對成功者來說，失敗也是不可避免的，只要肯解決，就一定有辦法。

遇事要先想辦法，才會有辦法。

我的收視率，我說了算

歐普拉和製片人都明白，收視率直接決定節目的費用，收視率愈高意味著錢賺得愈多。歐普拉所主持的節目收視率創下最高紀錄的那次，她帶著相機去了完全沒有黑人居住的卡明市（Cuming City）訪問，決定做一檔有關黑人民權的節目。

《洛杉磯時報》（Los Angeles Times）中談到，無論是勇氣也好，智慧也罷，什麼都無法阻擋歐普拉邁步走向那個地區。《芝加哥太陽時報》極力稱讚她，身處美國臭名昭著的種族主義人群當中時表現出來的尊嚴與沉著。這次冒險讓她大獲全勝。

有關黑人民權的問題，向來是脫口秀節目中既不叫好也不叫座的話題，但聰穎敏銳的歐普拉卻懂得從中發覺契機，「借屍還魂」。借屍還魂用在脫口秀節目的舞臺上，是指利用、支配那些看上去沒有作為的話題、來達到吸引觀眾的策略。欲「還魂」必須借助看似無用的「屍體」，歐普拉就敏銳地抓住了一切機會，努力爭取主動，豐富節目內容，即時利用，化不利為有利，在收視率上更上一層樓。

這種方式似乎有悖常理。但這正是歐普拉行事的精髓所在，她意在告訴人們不要走尋常路，而是要獨闢捷徑。例如，當對手紛紛拋棄老模式、舊思維和老技術，大力創新時，我們不妨反其道而行，重新揣摩舊的思維、模式和技術，另闢蹊徑以反常方式來取得成功。

就像是蘋果集團的總裁賈伯斯，對於自己的點子總是充滿自信。他很清楚這些看似瘋狂的點子可能稍縱即逝，要抓住它、看清楚它、與它對話，它才有機會成為可行的方案。賈伯斯形容蘋果的產品「不只是工程和科學，它還是藝術」。雖然有時候連賈伯斯自己也不確定新點子是否會有結果，但最後總會找出方法讓它可行，所以他對自己的點子總是有相當程度的信心。

這種競爭手法最關鍵的是不按常理出牌，當對手都已經拋棄時，只有你在使用。當對手們蜂擁向獨木橋時，你卻乘著小舟；當對手們彼此你追我趕，向所謂的最新潮流追逐的時候，你卻反方向而行。

你的「唯一」往往是你戰勝敵手的「利器」。

燙手的山芋才值得挑戰

西元一九九三年，「流行搖滾天王」麥可・傑克森正是國際社會的焦點，在那之前他已經十四年沒接受過現場訪談了。歐普拉答應不問他關於同性戀的問題，但她說想給他一個機會談論關於他睡高壓氧艙、皮膚漂白、一系列的整容手術等謠言。

相當擅長突破受訪者心防的歐普拉，引導麥可坦承小時候常遭父親毆打，當時尚有「玉婆」伊麗莎白・泰勒作陪，麥可堅稱自己並不緊張，並且允許歐普拉提出各種外界好奇的問題，像是他的童年、他與父親和姊姊的關係，他甚至在這次訪問中透露他的皮膚由黑變白是因為生病的緣故。這段訪談在美國吸引近九千萬觀眾收看，也是歐普拉訪問中最為人津津樂道的一次。

這次專訪節目成了美國將近十年來收視率最高的超級娛樂事件，超出了包括贊助商在內所有人的預期。這次節目是美國電視史上觀看人數最多的節目之一，同時也是自從西元一九六〇年以來美國收視率排名第四的娛樂性節目。

歐普拉能在不斷增加的競爭者中保持脫口秀天后的地位，很重要的一個原因就是她敢去挑戰那些燙手山芋。在歐普拉的眼裡，那些其他主持人都能做到的、平平常常簡簡單單的事情已經滿足不了她的胃口了，根本激發不了她工作的激情和鬥志，要做就要做那些別人想做卻不敢做的事，愈是燙手的山芋愈要碰，這才使得她能夠達到別人無法企及的高度。

大學校園裡，常常有一些同學利用業餘時間兼職推銷員，到學生寢室去推銷英語雜誌、報紙等，有的寢室總是關著門，門上還貼著「拒絕推銷」的紙條。很多人看見後就沒有勇氣進去了，然而有一個女孩很特別，她說她最喜歡這種門上貼紙條的寢室了，因為別人都不敢去，這個寢室的同學肯定沒有訂過這些雜誌報紙，正是亟待開發的客戶資源。就這樣，在別人眼裡的燙手山芋，成為她生意的主要來源。

別人不敢挑戰的事你敢去做，你就是強者；別人都害怕做不好的事你把它做好了，你就是贏家。愈是充滿挑戰的工作愈能激發一個人的潛能，並且，正因為艱難，走的人才少，敢於去探索的人往往就是先一步成功的人。

遇到阻礙，就算是失敗了也一樣精彩。

PART 03

我時刻都在夢想著成功的樣子

你是小人物，因為你不肯給自己一個大夢想

歐普拉說：「我十歲的時候就不再嚮往自己是個白人了。我看到戴安娜•羅斯（Diana Ross，第一位獲得奧斯卡獎的黑人女歌手）和至高無上樂團出現在艾德•蘇利文的節目裡時……我永遠都不會忘記……那是我第一次看到有色人種帶著真正的鑽石項鍊……我想成為戴安娜．羅斯……我一定要成為她那樣的人。」

沒有人天生就是大人物，看看那些走在紅毯上的巨星，林志玲、劉嘉玲、劉德華……哪一個不是從跑龍套開始做起？從配角到主角，一路走來，正是心中那個最初的夢想在支撐著他們，如果他們當初只是安於做個小人物，安於一輩子跑龍套，就不可能有今天的林志玲、劉嘉玲、劉德華。小人物到大人物這個轉變的過程，夢想是最好的催化劑。

不給自己個大夢想，你就永遠只能是個小人物。多年前曾經流行這麼一則笑話。有一名記者來到一個偏僻的山村，採訪一個放牛的孩子，問他以後想幹什麼。

孩子說：「養牛賺錢」。

記者再問：「賺了錢要做什麼呢？」

孩子回答：「賺錢娶媳婦生孩子」。

記者繼續追問：「生孩子讓他做什麼？」

最後，孩子回答：「放牛。」

很多人聽到這個故事都笑了，心想這放牛的孩子就只有這麼點出息，世世代代都是放牛賺錢娶媳婦生小孩，從來沒想過要改變這種生活狀態，所以一輩子也就只能這樣了。

事實上，任何事情要想做得出色都是需要很強大的內心欲望，沒有夢想的人內心動力不足，他們往往只會淪為人群中的平庸角色。歐普拉正是因為不甘於做個小人物，才會要求自己凡事做到最好，要求自己全力以赴，要求自己不斷挑戰新的目標。

年輕人要勇敢站出來，大大方方的做個夢想家。別人不逼自己一把，我們便永遠不知道自己有多優秀，也許以為今生只是安於天命的小人物，卻無法觸摸這世上的另一個自己，那個叱吒風雲，傲然自立，活得精彩的自己。

所以，給自己許一個大大夢想吧，也讓人生有另外一種可能。

可以沒錢，可以下賤，但是不能沒有夢想

歐普拉沒有美貌，出身貧困，是個私生子，度過糟糕又混亂的童年和少年時期，又是個黑人。這樣不利的因素，卻沒有阻止她成為世界上最成功的女性之一。

「一個人可以非常清貧、困頓、低微，但是不可以沒有夢想。」歐普拉說道。

我們很多人，可能出身比歐普拉好，擁有完整而健康的家庭，從小受著良好的教育，更體會不到種族歧視的不公和殘酷，所取得的成就與歐普拉相較之下，卻相差甚遠。當然，天賦是一方面，可是更深層的原因，恐怕在於想要取得成功的夢想不夠清晰，信念不夠堅定。

歐普拉這個灰姑娘之所以能夠變身為華麗的白天鵝，正是她心中永恆不變的夢想和成功的欲望，為她插上了一飛沖天的翅膀。如果沒有心中的夢想，她將會和世世代代生活在家鄉那片土地上的人們一樣，過著窮困潦倒的生活，一輩子受人歧視。

低微也好、清貧也好，都不是我們碌碌無為的藉口，如果一個人僅僅因為他的出身就決定了一輩子的人生軌跡，那人生還有什麼意思？我們也許出身不同，但我們同樣都擁有夢想的權利，這是上天賜予我們的特殊禮物，一個可以改變命運的權柄。

人生中的許多事情我們是能夠做到的，只是我們不知道自己能夠做到；但如果我們堅持前進，就能做到。湯姆，鄧普西（Tom Dempsey）就是一個好例子。他生下來的時候只有半隻左腳和一隻畸形的右手。從小鄧普西就渴望像別的男孩一樣踢足球，他的父母為他裝了木製的義肢，可以套進堅固的特製足球鞋。日復一日，鄧普西用他的義肢練習踢足球及遠距離射門，由於球技精湛，被邀請加入紐奧爾良聖人（New Orleans Saints）球隊。在一次比賽中，鄧普西以他殘缺的腿，從六十三碼外踢進一球，為球隊贏得勝利，全場六萬多名球迷的尖叫聲響徹雲霄。

口足畫家謝坤山，十六歲時不幸遭高壓電電擊，因而失去雙手、右小腿，後來右眼也喪失視力。許多人認為他會因此被擊倒，但他決心讓自己重新站起來。西元一九七九年，他開始以口從事作畫，由於他的努力學習，繪畫技巧已發揮出獨特的味道，因此在臺灣舉行了多次個人展，獲得了媒體熱烈的回應。現在是國際口足畫藝協會亞洲董事的謝坤山說，「生命中最可怕的不是跌倒而是放棄，當你不再為自己畫限，世界跟著無限寬廣。」

懷抱夢想，你心中便有了希望，夢想可以激發一個人的潛能，讓你能夠做到別人做不到的事，取得別人無法想像的成就。一個人若想成功，一定要有夢想，否則就不可能在這個社會上有所作為。

在生活中尋求的「變」的機會愈大，就愈有可能成功。

渴望成功，才有可能成功

高中時期，歐普拉因為在教堂出色的佈道和表演而得到去洛杉磯旅行的機會，她前往格勞曼中國戲院（Grauman's Chinese Theatre）門前的好萊塢星光大道（Hollywood Walk of Fame）參觀，這次的行動助長了她的夢想。歐普拉的父親維農．溫佛瑞說：「她從那兒回來之後說，『爸爸，我跪在那裡，輕輕撫摸著街上佇立的明星像，然後暗自發誓，總有一天，我也會將自己的明星像立在那裡。』就從那一刻起，我有了預感，這孩子將來肯定會成名。」

想要做成某一件事，最開始要做的就是渴望做成。成功者會成功是因為他們首先渴望成功。而平庸者，卻沒有像渴望空氣一樣擁有渴望成功的激情。他們可能做著不喜歡的工作，拿著不滿意的薪水，想要換換環境，但也只是偶爾想想而已。犯錯誤以後，第一時間想到的不是該如何改正錯誤，而是如何逃避責任；生活中遇到重大困難時，會閉起眼睛在心裡告訴自己這一切都不是真的，或者安慰自己到了明天一切都會好轉……。這樣的人沒有權利抱怨為什麼自己不成功，因為他們根本沒有強烈的渴望要得到成功。

心中充滿渴望，才有可能真的成功。那份渴望，是我們內心最原始的驅動力，督促我們不斷進取，因為充滿渴望，所以不會輕易放棄，因為充滿渴望，所以才會全力以赴。想得到什麼東西，首先是「想」，然後才是「得到」。而且，我們必須分清楚自己是「不想」還是「不能」。在這個競爭激烈的社會，已經沒有多少人會因為「淡泊名利」、「雲淡風輕」而獲得尊重了——除非他已然功成身退。許多人並不是對成功毫無渴望，而是不敢渴望。他們並不是「不能」，而是「不想」。他們會有這樣那樣的顧慮，從內心深處否定自己，找出各種「我不行」的理由來放鬆自己。

實際上很多時候，成功已經近在咫尺，可是由於你的渴望不夠強烈，上天才會把成功收回。強烈的渴望會激起你的潛能，讓你比別人先走一步，多做一點。

所以，我們要保持渴望的狀態，雖然成功並不一定會到來，但如果沒有對成功的渴望，即便到手的成功，也有可能隨手失去。有一顆渴望成功的心，是我們獲得成功的良好開端。讓人遺憾的是，有太多的人雖然胸懷大志，卻將成功的希望寄託在僥倖等待和老天的垂青。其實每個人身上都有別人無法具備的優點，將這些優點充分利用，完全可以成就自己，關鍵就在於我們需要及時轉變觀念。

可能就是多做這麼一點，你就辦到了。

跟我一起把成功召喚出來

歐普拉進入田納西州立大學時，就報名參加了大學附近的一間模特兒學校。她跳了一整天的華爾滋舞之後就大聲宣佈：「嗨，有一天我肯定會成為大明星。親愛的，要不要我幫你簽個名呢？」

當時歐普拉才十七歲，長得也不出眾，但是她那「我會成功」的口頭禪讓人相信她有兩把刷子。於是人們更進一步注意到她姿態優雅，講話嗓音洪亮。

把成功掛在嘴邊，這幾乎成了歐普拉的一個習慣。只要有合適的場合與地點，歐普拉總是熱情洋溢的告訴人們，她將會成功，她一定會成功。儘管在最初，她連要成功些什麼都不知道，也還完全不具備成功的各種客觀條件，但是把成功掛在嘴邊這個行為，不僅令歐普拉自己洗了腦，也給旁人洗了腦。

歐普拉不停地對自己灌輸「一定會成功」的念頭，這在她心裡形成強大的心理暗示，所以當機遇來臨時，歐普拉能夠一躍而起，迅速抓住。而旁人也聽多了歐普拉關於成功的「自我催眠」，旁人的心裡也會形成一個意識「她一定會成功」，這會讓大家不由自主地看到歐普拉身上的優點，間接為她帶來成功的際遇。

歐普拉「把成功掛在嘴邊」這個行為是個聰明的舉動，人們常說，當你對一件事抱有十二萬分的把握，那件事就會變成真的。歐普拉做到了，相信我們也一樣可以做到。

保持住渴望的狀態，成功不一定會到來。但如果沒有渴望，成功即使暫時到手了，也注定會失去。有一顆渴望成功的心，是獲得成功的良好開端。但是只有渴望，沒有行動，只把寄託在僥倖的等待和幸運之神的垂青上，渴望對這樣的人來說等同於白日夢。

其實，決定人生的絕不僅僅是才能、環境和外在條件，更取決於我們的想法和思考方式。我們的生活會因為想法而變得更好或更壞，因此，我們要將積極的想法灌輸到潛意識裡，時時保持積極的心態。

成功學大師拿破崙．希爾（Napoleon Hill）博士曾教導大家一個被稱為「自我成功學」最重要的技巧——自我暗示。他說：「自我暗示，是意識與潛意識之間互相溝通的橋樑。」如果你能夠使用自我暗示的巨大能量，你會取得連自己都會吃驚的成就。假如，你在平時也不斷地反覆這樣暗示，在面臨挑戰需要強大的精神力量時，就能夠沉著地、淋漓盡致地發揮自己擁有的能力。

把成功掛在嘴邊，讓全世界都知道你對成功的渴望吧！如果你足夠真誠，足夠努力，世界會幫你實現你的夢想。

要發自內心地相信「可以」而不是僅僅「想要」

西元一九七二年八月，歐普拉以田納西州黑人小姐（Miss Black Tennessee）的身分，到加州參加美國黑人小姐冠軍的選拔賽。當時她的監護人是珍妮特．伯奇（Janet Burch）博士，一位納什維爾的心理學家。珍妮特．伯奇回憶起歐普拉當時為了成功是多麼用心：「我從來沒見過任何人能像歐普拉那麼期待成功。過去她經常談到一些事情，比如有一天她會多麼多麼富有。想法總是先於行動存在。如果你真的認為你很富有，很受歡迎，很出名，而且你真誠地相信這會成為現實，那麼就一定會實現。你看，有些人也常這麼講，但是他們不相信自己的話。但是歐普拉相信了。人們常說『我想變得富有』，歐普拉則說：『我會變得富有。』」

成功源自於你是「想要」，還是「一定要」。如果僅僅是「想要」，可能我們什麼都得不到；如果是「一定要」，那就一定有方法可以得到。不斷強化成功欲望的強度，讓自己像一把利箭在張滿弓的弦上發射出去，滿懷衝勁，銳不可當。

當你說「我想下次的考試能提高二十分」，「我想一個月減掉十公斤的體重」，「我想明天提早半小時起床」……。當你說這些話的時候，其實你心裡並不相信，因為你已經無數次這麼想了，可是沒有一次成為現實。

這些願望之所以沒有實現，是因為所有的想法只是偶爾閃過你的腦子，你的失敗經歷告訴你這次還是做不到。怎麼樣才能成功地實現期待呢？接下來要做的是，不要讓這種「想要」的狀態間斷，而要不停地提醒自己「目標是什麼」，拋開所有阻撓它實現的因素，始終連接著那個源頭，最後你會發現，所有的「我想」，都變成了「我要」、「我一定」，然後，希望中的事情會一件接著一件成為現實。

心理學家發現，真正成功的人，並不需要特別的「自信」或「自尊」！這些成功的人，在他們還是不起眼的無名小卒的時候，他們只是深深相信，自己能「做到這件事」！他們不是相信「自己這個人很棒」，而是相信「自己能『做』到這件事」。成功的人相信，自己不怎麼樣沒關係，自己不如人也無所謂，重要的是，「自己」可以讓一切「靈驗」，自己可將眼前這件事情做好！

所以，如果你真的渴望一件事情，那就不能簡簡單單地「想要」，而要發自內心的「相信」自己能夠做到。

為了夢想，我願豁出性命

西元一九九八年，歐普拉歷經千辛萬苦拍攝而成的電影《摯愛》（Beloved）終於要上映，歐普拉在日記裡寫出了自己的激動心情：「一九九七年九月十二日，這真是心酸的甜蜜。我的夏日夢想終於要實現了。這個夢想比我我所能想到的都要宏偉，那就是將《摯愛》這部電影搬上螢幕。要讓我接受這一切還需要很長的時間。說實話，我以我自己的方式，抓住了這個宏偉夢想的每一刻，我毫無遺憾，並且覺得自己無所畏懼。」

夢想讓歐普拉無所畏懼，無所畏懼又讓歐普拉萌生了勇氣。可見夢想和人的膽量、勇氣，是息息相關的。有夢想的人，性格中也會有勇敢積極的一面。

但對於大部分的人來說，夢想可是隨著年歲愈變愈卑微，物質、金錢、家庭等「大事」佔據了所有的時間，早已學會了遺忘和割捨，將以往的夢想拋棄了。未能堅持不懈地追求自己的夢想，日子過得毫無追求，對自己所做的工作也是混日子，長此下去非但很難有什麼大的突破，就連生活的勇氣也日趨減少，最終變成性格懦弱、思想陰鬱的人。沒有夢想，就少了很多克服困難的勇氣。

成功之前難免有失敗，然而只要能克服困難，堅持不懈地努力，那麼，成功就在眼前。石頭是很硬的，水是很柔軟的，然而柔軟的水卻穿透了堅硬的石頭，這其中的原因無他，唯堅持而已。我們在黑暗中摸索，有時需要很長時間才能找尋到通往光明的道路。以勇者的氣魄，堅定而自信地對自己說，我們不能放棄，一定要堅持。

幾乎所有人都聽過超級馬拉松跑者林義傑的故事。憑著超人般的意志力，瘦小黝黑的林義傑，展現巨大的生命韌性，挑戰遠非常人能到達的惡劣環境，像是勇闖撒哈拉、穿越大戈壁、挑戰智利寒漠、遠征南極雪地、奮戰亞馬遜，成為臺灣第一位被美國好萊塢拍成紀錄片的運動選手。林義傑在西元二〇一一年九月十六日這一天完成了總長一萬公里的「擁抱絲路」長征。這段路程危險重重，他們在土耳其境內疑似成為恐怖組織的俘虜目標，而受到軍方裝甲車的「保護」；遭到被開除的伊朗籍司機報復，在飲水裡摻入三級毒品，導致全隊中毒。雖然面對一次次難關，林義傑都很有信心自己能完成每一次「超馬」的挑戰。因為他覺得，只要像之前一樣做好充足的準備與計畫，就有力量承擔這一次的難題。

只有堅持，才能讓我們衝破禁錮的蠶繭，最終化成美麗的蝴蝶。

I do not believe in failure. It is not failure if you enjoyed the process.

我從不相信失敗。如果能享受過程，就沒什麼失敗可言。

你能經歷的最大冒險，就是過你夢想的生活

西元一九九八年，歐普拉返回家鄉去宣傳電影《摯愛》，同時還把她透過人道安家組織（Habitat for Humanity）籌建的一幢房子捐了出去。她站在雨中，對著觀眾演講：「我非常自豪的是，我是一名來自密西西比州科修斯科（Kosciusko）的黑人女性，我和上帝手牽著手。」

歐普拉在訪問期間告訴記者，她想成為電視行業最有影響力的人物之一，還要擁有巨額的財富，這在她看來一點都不成問題：「你的心有多大，有多願意主動去接觸別人，那麼舞臺就有多大。」

回顧過去，歐普拉當初「想要成為的人」都一一成為現實。或許她還有新的目標。無論周圍的環境如何，她總是堅持著自己的信仰，對自己負起最大的責任。

「我想成為某某某」那樣的人，幾乎每個人都有過類似的夢想，但真的是將之變為現實的只有少數。這是因為，只有少部分人從始至終都堅持自己的信念，一言一行都對自己負責。他們真正把「想」變成了做，而不是讓白日夢永遠停留在「夢」的狀態。

很多人小時候寫作文「我的志願」時，總是雄心萬丈，然而隨著日子一天一天過去，每天不知會有多少人把自己辛苦得來的新想法又推出門外，他們因為擔心失敗而不敢執行。而這些想法又不會

輕易離去，而是不斷地縈繞在他們腦海，使他們在猶豫中與許多成功的機會擦肩而過，這不能不說是很大的遺憾。

與其留下遺憾，還不如大膽地去做，把你的想法付諸實踐，當你真正放開手腳去做的時候，你會發現，其實一切並沒有想像中的那麼困難，其實，我們做一件事情，不論大與小，難或易，只要你開始行動了，那就成功了一半，許多困難也可以被你輕而易舉的克服。但前提是你必須行動起來，不然，只知道空想，如停在鐵軌上的機車，連一塊小木塊都無法推開。

成功地將一個既定目標付諸行動，比空想一千個遠大目標要有價值得多。人生不是彩排，時光不留情，也無法再造。你只能擁有此時此刻，如果你未能把握當下，及時行動，就是浪擲光陰。人生種種缺憾常是缺乏行動造成的；你若不行動，就無法擁有。成功者和失敗者的差別就在於，成功者願意做那些失敗者不願去做的事情，願意採取有意義、有目標的行動，不會只是空想、坐困愁城，也不推拖延宕。人性的本能常會讓我們抗拒、畏縮嶄新或不了解的事物，但如果我們只聽從自己抗拒與畏縮的本能，只怕永遠無法圓夢了。

當我們在評估自己的生活和願望時，務必要懂得把握機會、活在當下；若看不到機會，不妨自行創造機會。

有信心，你就能成為下一個美國夢

西元一九八八年，歐普拉獲得美國「國際電視廣播協會年度風雲人物獎」，成為該獎項有史以來最年輕的獲獎人。歐普拉開始擴張她的媒體集團，她添購製片廠的相關設備，成為美國歷史上首位擁有製片廠及製作公司的黑人女性。人們對她所取得的成就感到非常高興，而且深受她信念的啟發：「如果我能做到，你也能做到。」她這句話激發了人們的想像力，尤其是二十五歲至五十四歲的女性朋友。

歐普拉被當做美國夢的化身，讓人們看到機會均等。

當年，正是因為看到黑人演員薛尼·鮑迪得到奧斯卡獎，歐普拉開始堅信自己也可以拿獎，多年後，她實現了當初的願望。如今，她用同樣的話來激勵年輕人。

歐普拉的奮鬥史正是美國夢的最佳代言人，從南部農場的黑人小女孩到家喻戶曉的電視明星，從一名不文到身價過億，歐普拉讓無數的人看到，這是一個機會均等的時代，任何人都有機會成名、任何人都可以憑自己的努力成為富翁。

要相信，如果歐普拉能做到，那麼你也可以。我們很多人家庭條件比歐普拉優越，比她受到更好的學校教育，在起跑點上就勝出一截，我們沒有理由虛度光陰、沒有理由埋怨社會。當我們抱怨自己沒有機會的時候，當我們認為自己事事倒楣的時候，想想歐普拉當初的條件吧。

人人都羨慕成功者，有些人甚至會嫉妒成功者，然而從來不想自己做個成功者。他們會抱怨，我學歷不高，我家庭貧窮，我相貌平常，我年齡太小或太大，我怎麼能成功呢？人都是如此，能夠識破他人的騙術，卻逃不脫自己的謊言，沒有什麼比自欺欺人更容易。當我們離成功還很遙遠的時候，我們常常會告訴自己成功是少數人的專利。想要成功，就得要有這份自信和骨氣，如果別人能做到的事，自己也可以。

我們或多或少都會對自己抱有一些幻想，出生在富貴人家就好了，長得再漂亮一點就好了，為什麼我不像他那麼聰明呢……一邊這樣想著，一邊祈禱老天能憐憫自己讓好運降臨。其實生活每天都在給我們這樣的機會，我們做出的每一個選擇都在決定著自己的命運好壞與否，這與我們的出身無關、與相貌無關，除了自身已有的之外，接下來每一個選擇都是有我們自己決定的。只要付出的足夠多，不被先天條件蒙住雙眼，綁住手腳，你同樣可以在競爭中取勝，成為與命運對決中的贏家。

成功的大門對任何人都是敞開的。

想像二十年後的自己

歐普拉從來沒有掩飾自己的企圖心。在密爾瓦基市上中學的時候，她曾填寫過一張表格，內容是「二十年後我會怎樣」，她選擇的是「出名」。「我一直都知道自己將來會成大事，只不過我不清楚我具體會做什麼。」歐普拉說道。歐普拉高中時期的男朋友安東尼•奧蒂（Anthony Otey）說：「她很早就知道自己要什麼。她說她要作電影明星、女演員。感謝上帝她做到了，因為她願意拋開很多其他東西來達成目標。……她非常努力，當機會來的時候，絕不錯過。」

我們想要成功，就要像歐普拉這樣擁有長遠的眼光，不僅要做到當下成功的自己，還要打造更成功的自己。

西元一九五三年，美國哈佛大學曾對應屆畢業生做過一次調查，詢問他們是否對自己的未來有清晰明確的目標，並請他們提交達到目標的書面計畫。結果，只有不到百分之三的學生提出了具體的計畫方案。二十年後，研究者再次訪問了當年接受調查的畢業生，結果發現那些具有明確目標和計畫的學生，在二十年後不論在事業成就、快樂及幸福程度上都高於其他人。尤有甚者，這百分之三人士的財富總和，居然大於另外百分之九十七學生所有的財富總和——這就是設定目標的力量。

規劃往往比努力更重要，我們必須先知道自己想要什麼，然後才有可能去得到。不妨在腦海中把自己實現目標時的畫面勾勒出來。當我們能夠清晰地想像自己二十年後的模樣時，才有可能在二十年後真正變成夢想中的人。我們應該靜下心來問問自己，二十年以後我想成為什麼樣的人，然後以此為目標，一步一步靠近夢想中的自己。

從現在開始為自己設定目標，一年後、三年後、五年後要過什麼樣的生活，例如一年後，要換一份更好或更有前途的工作；三年後存夠錢出國旅遊……。先制定一個可以透過努力達到的目標，一旦嘗到了成功的滋味，便會沉浸在這種努力實現目標的狀態之中。

正如美國成功學家拿破崙．希爾所言：「你過去或現在的情況並不重要，你將來想獲得什麼成就才最重要。除非你對未來有理想，否則做不出什麼大事來。有了目標，內心的力量才會找到方向。」確立目標，是人生規劃的重要樂章。不甘做平庸之輩的人，必須要有一個明確的追求目標，才能好好運用自己的智慧和精力，才能成為你夢想成為的人！

就算只有一個頭銜，也要努力去爭取

納什維爾黑人小姐大賽是美國第一項為黑人女孩子設置的的選美比賽，過去選美比賽只有白人女孩子才能參加。

戈登・埃爾・格列柯・布朗（Gordon El Greco Brown）是當地比賽的創辦人。他說：「歐普拉將這次比賽看做了自己未來輝煌生涯的墊腳石，因此她極其想參加……而其他人我卻得求著她們報名，因為沒有物質獎勵，也沒有其他獎項，也不製作影片，也沒有好萊塢合約。就只是一個頭銜，一個肩帶，另加一束花。」

儘管只能得到一個頭銜，但歐普拉仍然全身心地投入為參加比賽做準備，最終得到了納什維爾黑人小姐的桂冠，大大提升了自己的知名度。歐普拉就是這樣的人，她不放過任何可能幫助她實現夢想的機會，哪怕只有一個頭銜，也要努力去爭取。

相較之下，我們很多人常常只會抱怨自己沒有遇到合適的機會，其實何嘗是沒有機會，而是想要一夜暴富、一炮而紅，想要一星期瘦三公斤，導致自己在很多事情面前不願意付出、不願意全力以赴地去爭取，結果什麼都得不到。

因此，運氣更像是在人努力到某個點時，推你一把的那個力量，而不是你的原始動力。真正讓一個人取得成功的還是前期的準備，踏踏實實的累積能力，這樣才能做到厚積薄發。

西元二〇〇八年的年底，因為連續有九期未開出，頭獎累計超過十億元，結果開出有三位頭獎得主，其中一位是在高雄縣鳳山市的彩券行投注。臺灣彩券公司總經理黃志宜表示，這名頭獎得主購買彩券已達五年，每週約花五百元購買。

不積跬步無以至千里，不積小流無以成江海。凡成就一份事業，都需要付出堅強的心力和耐性，你想坐收漁利，那只能是白日做夢；你想憑僥倖、靠運氣奪取豐碩的果實，運氣便永遠不會光顧你。

正如英國哲學家培根（Francis Bacon）所說：「一方面，幸運與偶然有關——例如長相漂亮、機緣湊巧等；但另一方面，人能否幸運又決定於自身。幸運的機會好像銀河，他們作為個體是不顯眼的。但作為整體卻光輝燦爛。同樣地，一個人若具備許多細小的優良素質，最終都可能成為帶來幸運的機會。」

寧願做耳聾的青蛙，也不做沒有腦子的人

西元一九八三年，歐普拉打算離開 WJZ 電視臺去芝加哥發展，電視節目主持人寶拉•耶茨（Paula Yates）警告她說：「你不可能在芝加哥超越唐納修，那是他的地盤。你這是朝著隱患前進，只不過你看不到它罷了。你這是自絕其路，你肯定會敗下陣來的。」，耶茨說芝加哥種族歧視非常嚴重，之前就不歡迎第一位黑人市長哈樂德•華盛頓（Harold Washington），同樣不會歡迎歐普拉。

但是歐普拉認為自己能處理好這個問題，她期待著在那裡攀上新的高峰，證明自己的實力，「我認認真真思考過後才決定去哪裡。」

放棄當紅的事業，投向未知的世界，確實需要冒很大的風險。後來的事實證明，歐普拉是對的，如果當初她因為聽到別人的「忠告」，就以為自己真的做不到，那就不會有今天的歐普拉了。

有一群青蛙比賽爬一座十層高的樓梯。許多動物聚集在高樓下面觀看。比賽剛開始，就聽見有不少觀眾大聲喊：「你們這些青蛙還是別白費力氣了，我看你們根本不可能爬到終點！」聽到這些話，蛙群中一陣騷動，一些青蛙搖搖頭開始退出比賽。但還是有部分青蛙在努力著，其中有一隻青蛙顯得非常賣力，儘管牠已經摔下來好幾次。下面的觀眾仍舊在喊：「青蛙永遠都不可能爬上高樓的！」

參賽的青蛙紛紛放棄了比賽，但那隻非常賣力的青蛙還在默默地向上爬，後來其餘的青蛙全部退出了比賽，只有那隻非常賣力的青蛙最終竭盡全力登上了樓頂。放棄比賽的青蛙想知道這隻青蛙是如何堅持下來而取得成功。但無論怎麼問，這隻青蛙怎麼也不開口。大家這才發現那隻爬上樓頂的青蛙原來是個「聾子」！

人生路上，總是有那麼一些人喜歡潑冷水，說什麼「算了，別費力氣了」、「這是不可能的，辦不到」、「別癡心妄想了」，這時候千萬要挺住，如果可以的話，把耳朵堵上也無妨。

有個媽媽在廚房洗碗，她聽到小孩在後院蹦蹦跳跳玩耍的聲音，便對他喊道：「你在幹嘛？」小孩回答：「我要跳到月球上！」你猜媽媽怎麼說？她沒有潑冷水，罵他「小孩子不要胡說」或「趕快進來洗乾淨」之類的話，而是說：「好，不要忘記回來喔！」這個小孩後來成為第一位登陸月球的人，他就是阿姆斯壯（Neil Alden Armstrong）。

能不能辦到，要努力過了看到結果才能算，如果因為別人的三言兩語就放棄，那這輩子也別想做成什麼事情了。

踏出「舒適區」才能開創人生

從西元一九八二年到一九八三年，歐普拉在巴爾的摩WJZ每天主持三次廣播節目：《晨間新聞》，一小時《脫口秀》和《午間新聞》。雖然工作量令人難以置信，但她做到了，還在競爭中取勝。西元一九八三年，歐普拉必須決定是否和WJZ續約，到底是在一片小天地中充當大明星呢，還是重新去找工作？

歐普拉正打算續約時，她的工作夥伴黛博拉．迪默歐（Debra DiMaio）來了電話，叫她先別簽合約。迪默歐讓歐普拉寄一捲錄音和一份簡歷給WLS。在五月一日勞動節當天，歐普拉飛去芝加哥，接受正式面試。WLS當場決定聘請她。歐普拉興奮地說：「這是美國第三大電視臺！我自己的節目！」

歐普拉在WJZ的工作可謂是得心應手、遊刃有餘，待遇也不錯，然而當她面對簽約的邀請時，並沒有眷戀這份安逸的工作，而是決定向更高的目標出發，開闢芝加哥的電視市場。當然，去芝加哥是有風險的，芝加哥人才濟濟，她很有可能被淹沒，更何況已經有了一位談話節目的天王唐納修了，但如果沒有勇敢地踏出這一步，歐普拉的職業生涯或許又將是另外一個局面了。

與歐普拉比起來，很多人都更加眷戀安穩，工作三、五年後，大多數人都會找到一個屬於自己的「舒適區」，工作、生活、人際關係都相對穩定安逸，於是很多人就此止步不前。他們只在自己熟悉的領域搭建一個舒適的溫室，不敢向陌生的領域踏出一步。對生活中不時出現的那些困難，更是不敢主動發起「進攻」，只是一躲再躲。他們認為：「保持自己熟悉的一切就好。對於那些新鮮事物，還是躲遠點，否則，就有可能被撞得頭破血流。」

蕭邦是一個家喻戶曉的音樂家，他在很年輕的時候就離開家鄉波蘭前往維也納學習音樂，在那裡他靠著音樂的天賦創造出與眾不同的鋼琴音樂，在上流社會頗受好評。有一天他走在街上的時候，遇到了幾年前一起在街頭演奏的夥伴，發現他仍在當年一起表演的地方演奏。那位夥伴遇到蕭邦非常高興，問他現在在哪裡演奏，蕭邦回答了一個知名的音樂廳，夥伴驚訝的說：那裡的門口也很好賺嗎？

大凡成功的人士，他們身上都有一種卓爾不群、不易馴服的迷人氣質，這就是勇於冒險所帶來的魅力。這樣的人不會把所謂的安穩當做財富。他們懷抱自己的夢想，為了實現必須要去冒險，哪怕會有無數艱難等在前面。

因為，有風險才會有收穫，只有勇敢踏出自己的「舒適區」，才能開闢出一片新天地。

好運來了，你要想辦法抓住

歐普拉當選了第一居納什維爾黑人小姐（Miss Black Nashville）冠軍，但這個頭銜存在爭議。當時的情況是，大家一致看好最應該得到冠軍的茉德·莫布雷（Maude Mobley），卻只得到了第四名。很多人當時都震驚了，認為比賽有黑箱作業。二十年後，茉德的母親提起這件事仍然憤憤不平，聲稱「歐普拉竊取了冠軍的位置。」

比賽結束後的第二天，承辦人到溫佛瑞家告訴他們分數弄錯了：「我問歐普拉她願不願意把榮譽還給……該得到它的人。歐普拉站起身來，生氣地說：『不，它是我的！當時念的是我的名字，我就是納什維爾黑人小姐。』」

眾望所歸的茉德居然敗給了歐普拉，大家自然會產生比賽結果黑箱作業的猜想，但是比賽這種事情靠實力也得靠運氣，殺出一匹名叫「歐普拉」的黑馬也不是沒有可能。

當然，現在再去追究真正的冠軍是誰已經不重要了，讓世人印象深刻的是歐普拉那種一旦出現機會就拼命抓住不放手的氣魄，只有她自己知道她為這場比賽付出了多少努力，她相信自己能夠得到冠軍，就算比賽結果有爭議，她也絕不會輕易放手。如果歐普拉在這個時候心虛了，心想大家都覺得茉德才是冠軍，會不會真是結果出錯了，自己表現得好像確實沒有茱德那麼出色，那麼納什維爾黑人小姐的桂冠便會得而復失，這次難得的機會就悄悄溜走了。

雖然這個冠軍頭銜贏得有點不光彩，但是相信這個小小的波折並不會影響歐普拉後來的成功之路。因為歐普拉對成功懷有非常強烈的渴望，她會穩穩抓住所有對成功有利的機遇。所以，有一天當本來屬於你的勝利果實被人竊取，別抱怨別退卻，也許上天正在考驗你對成功的忠誠度，如果你是那麼迫切地想要成功，不能容忍你的成功被人竊走，那麼請沉住氣，把它奪回來。

能讓人奪走並且要不回來的成功，也許從未屬於過你。即使好運真的來了，也得要抓得住才行，多少人都是在猶豫和等待中放走了來之不易的好運氣。而抓得住機會的前提是，你要隨時保持警惕，即使運氣還沒到來也不放鬆，時刻保持最佳的狀態和積極的心態，好運來臨的時候才能夠迅速出手。

如果你總是心不在焉、後知後覺，事後就只能追悔莫及了。

沒有努力過，就招不來好運

歐普拉能當上冠軍並不完全是靠著「運氣」。她為了能在比賽時有較好的身材下了很大功夫，她幫自己身上每個部位的尺寸都制定了目標，並且積極地節食。

那個年代沒有多少人喝優酪乳，但歐普拉大膽用喝優酪乳的方法瘦了很多。最重要的還是歐普拉前期已經做了很多努力。當時她在WVOL電視臺的廣播節目已經非常知名，而且她還是第一個當選防災小姐的黑人女孩子，在納什維爾有很多追隨者。

歐普拉的一生中有很多次「好運」，比如進入WVOL，到芝加哥發展事業，和事業夥伴賈寇比的相遇……難得的是她抓住了每一次機會。最重要是，這些看上去像天上掉下餡餅的的好運，總是伴隨著她的爭取。這位傳奇女性的成功經歷，與其說是有太多的偶然，倒不如說是由累積出來必然的所組成。

當看到一個人突然取得了意想不到的成績，我們總會說「真幸運啊」、「運氣真好」。這個「運氣」字到底包含什麼意思呢？其實根據自己所處的環境所具備的條件，對人生理智設計及運作，這就是「運氣」的含義。如果這種選擇、設計和把握恰好跟上了時代的節奏，順應當下的潮流，那你的好運就來了。

西元二〇〇六年，在世界男子籃球錦標賽中，眾望所歸的美國隊意外地敗給了希臘隊。這支被喻為「歐洲平民皇帝」的希臘球隊，憑藉著整齊的團隊戰力、靈活的走位撕裂了美國隊的防守，最終他們就在不被看好的情勢下擊敗美國。看到命中率，你也許會想會不會太準，一些投籃的命中甚至都很幸運。然而，運氣一向是伴隨著努力而來的，如果希臘隊打球不努力，幸運之神也不會眷戀他們。

所以說，運氣並不是平白無故就會降臨在誰的頭上。有個笑話說，你中了五百萬彩券，至少還得花五十塊錢買號碼呢！那些我們眼中的「幸運兒」，其實同樣付出了很多努力。

機遇都是給有準備的人，如果什麼都不做，就算機遇來了也沒有能力抓住，甚至連判斷機遇的智慧和眼光都沒有。洗牌的是命運，玩牌的卻是我們自己，千萬別把成功完全歸咎於「運氣」。

要想盡方法，努力去贏

參加納什維爾黑人小姐比賽之後，歐普拉告訴朋友她將成為「電視大明星」，而當時WLAC的負責人克里斯．克拉克（Chris Clark）恰好很欣賞歐普拉，認為她漂亮得體，又小有名氣，因此決定給她一個機會。直到多年後歐普拉才承認，自己在求職申請表中撒了謊。在工作經歷上，她沒有全部講真話。好在日後歐普拉不負眾望，紅透半邊天，用響噹噹的實力證明了當年「不擇手段」的謊並沒有白撒。

歐普拉為了得到WLAC的那份工作的確是用盡了全力，她非常渴望得到那個職位，但她知道自己的經歷並不豐富，很有可能落選，於是編造了一些對自己有利的工作經歷。相信類似的事情很多人在求職的時候也都做過，從原則上說，這是一種不誠實的行為，很多企業和單位也明確規定，一旦發現在求職簡歷中撒謊者，一律不予錄用。因此，這種行為並不值得提倡，但是從歐普拉這件事情上，我們可以感受到她那種成功的決心，那種為了野心、為了達到目的，可以「不擇手段」往前衝的決心，這是任何追求成功的人都必備的能力。

臺灣首富鴻海企業集團的總裁郭台銘，有一次在演講上告訴年輕人，他認為成功的第一個特質是要有passion（熱情），要執著，有的人為興趣工作，有的人為理想工作，而有的人是為了錢工作，但是最好是能三方面結合。第二個成功的特質，就是不怕挫折，一定要有面對挫折的勇氣。所謂失敗是成功之母，沒有連續而且重大的失敗就成功，必然是曇花一現，是偶然的。

郭台銘還舉臺灣高爾夫球天后曾雅妮為例子，「高球天后曾雅妮，她十三歲就跟我在球場打過球，只要白天沙坑球打不好，晚上她就要連打五百個沙坑球。我打了三十多年的高爾夫，大概加起來只有打過五百多個沙坑球，她一晚上要打五百個，你看這有多不容易，她今日的風光是克服了多少的挫折！」

有句話說「在困難面前，平庸者自有千難萬難，成功者自有千方百計」，成功的路上斷然有無數的荊棘障礙攔住你的去路、消磨你的鬥志，但我們始終要相信事在人為，總有辦法可以解決，關鍵是你有沒有那份決心為了成功想盡各種辦法、不達目的誓不甘休。若具備了這種可貴的決心，你就能所向披靡，掌握命運的航程。否則，不管你具有什麼樣的才華，不管你身處什麼樣的環境，不管你擁有什麼樣的機遇，你都難以抵達成功的彼岸。

要贏，要先輸得起

歐普拉在一場演講時提到：「身為一位黑人女性，我發現自己無能為力，受那些既缺乏理智而又不公平的人們欺負。我無能為力，因為我一直努力想贏得一些人的喜愛，殊不知這些人連自身都不屑一顧。我真的非常無能為力！因為我相信這個世界就像是一場浩大的名聲比賽。我如果不能贏了這場比賽，就得接受自己身為女性的這個失敗，甚至是身而為人的失敗。」

歐普拉無疑是一位鬥士，她明白，生活和工作中的每一次戰役都有失敗的可能，但是如果因為害怕失敗而不去戰鬥，那就根本沒有獲勝的可能。所以，如果想要贏，就得先輸得起。

失敗只不過是通往成功途中的一個小站，「跌倒了再站起來，在失敗中求勝利。」無數的人都是這樣成功的。卡內基說：「一個人如果能夠在面對困難的時候，在衣襟上插著花，昂首闊步地向前走，那麼他就永遠不會成為失敗者。」錯誤和失敗是不可避免的，甚至是必要的；他們是行動的證明——證明你正在做著事情。你犯的錯誤愈多，你成功的機會就愈大，失敗表示你願意嘗試和冒險。奮鬥者應該明白：每次的失敗都使你在實現自己夢想的道路上前進了一步。

孟子說：「故天將降大任於斯人也，必先苦其心志，勞其筋骨，餓其體膚，空乏其身，行弗亂其所為，所以動心忍性，曾益其所不能。」挫折並不是什麼壞事，相反地，挫折可增長經驗，經驗能豐富智慧。

生活中難免要遇到各種各樣的問題。每次面臨進退的選擇，當你感到有恐懼和疑慮時，就如同面臨一條攔路的小河溝，其實你抬腿就可以跳過去，就那麼簡單。在許多困難面前，人需要的，只是那一抬腿的勇氣。在競爭中，贏得起，也輸得起的人，才能夠取得大的成就。成功的人不是從未曾被擊倒過的人，而是在被擊倒後還能夠積極地往成功之路不斷邁進的人。

所以，正確對待挫折，把人生中的每一個絆腳石當做墊腳石來對待，你就會發現，挫折只是黎明前的黑暗。

世界太險惡，你要讓內心強大

歐普拉說自己小時候不太懂事，沒有把強姦當成暴力行為，直到做了很多場節目她才認識到，小時候讓她受驚嚇的犯罪行為導致了她心底埋下極深的陰影。

歐普拉沒有尋求心理療法癒合傷痛，而是採取在電視上對著公眾告白來拯救自己。承認自己是受害者，就讓她有了發言權，她坦承自己不會向這種暴力行為低頭。

很多人遭遇不幸時，總會不停埋怨老天：「為什麼是我？」、「為什麼我就這麼倒楣？」……埋怨有什麼用，即使哭啞了嗓子，事情也不會無緣無故地好轉，到最後還是要堅強地面對。

碰到令人傷心的事情發生時，你第一個念頭要告訴自己：「它來了！這是必經的過程，所以我要勇敢面對，現在就想辦法處理！」不斷用心靈的力量來為自己打氣，然後要比平時更精神百倍，才能讓自己走過生命的黑暗期，迎向燦爛的明天。

唯有自己表現得更堅強，別人才能幫助你。遇到困難時，愈是堅強的人，愈有一股讓人尊敬與心疼的魅力。如果你自己都不想站起來，別人扶你一把，你還是會倒下去。

在這個世界上，我們會遇到賞罰不公，我們會遇到工作壓力，我們會遇到競爭，我們會遇到殘酷病魔，我們會遇到無窮無盡的煩惱。但是，我們可以運用自己手中堅強的畫筆，為自己在逆境中描繪一片屬於自己的藍天，為自己繪出紅花綠草，清風習習。

知名藝人白冰冰小時候學業成績相當亮眼，可惜家境清寒，十八歲就出道參加歌唱比賽。後來她赴日本發展中斷；又因婚姻不順，西元一九八一年帶著七個月的身孕回臺北，產下女兒白曉燕；想不到隻身辛苦扶養白曉燕長大後，發生撕票悲劇，讓她痛不欲生。遭遇慘絕人寰的受害事件後，這些年來，喪女的悲痛雖未完全撫平，但白冰冰已經逐漸走出陰霾，還因為成立白曉燕基金會、參與紅絲帶公益活動、擔任過法務部代言等百項善事，獲選「二〇一二中國明星慈善排行榜」第三名。

不管你的外表多麼柔順，多麼小鳥依人，有一顆堅強的內心，才能活得更加精彩。世界上最寬闊的是海洋，比海洋還要寬闊的是人的心，我們要有一顆能承受萬物的強悍的心，豐富心的厚度，錘煉心的寬度。

把你的長處發揮到極限

歐普拉來到巴爾的摩電視臺後，當時 WJZ 的掌權人威廉•貝克（William F. Baker）說：「我知道她讀不好新聞稿子，但是光讀稿子並不能充分利用一個人的潛力。我心目中的晨間脫口秀節目可不是這樣。這個節目需要擅長即興演講的人，對人感興趣，能夠好好處理觀眾打進來的電話，還有來賓的每個意見。我感覺歐普拉肯定也擅長炫耀自己。」

在納什維爾的 WTVF 的工作之後，歐普拉接著當了巴爾的摩 WJZ 的新聞主播，但她表現得非常不稱職。歐普拉回憶道：「我真的很痛苦。我是個很糟糕的撰稿人，我崩潰了，為這些犯罪和火災故事大哭。但我忍下來，因為我知道，有一天這些訓練和過程，可能會用在別的地方。」

然而，電視臺還是將歐普拉降職去做脫口秀的節目，誰知道這正好發揮了她的長處，她一下節目後心裡想著：「對了，我天生適合做這行，就像呼吸一樣自然。」

很顯然，當新聞主播讀稿子並不是歐普拉的強項，如果她死守著這塊雞肋不放，不但不可能有日後的成就，甚至可能做不了一個優秀的新聞主播。關鍵就在於她選擇了正確的策略：「避開短處，擅用自己的優勢。」發揮自己即興演講和與觀眾互動、帶動氣氛的能力，因而能在後來的脫口秀節目中脫穎而出。

每個人的工作也都是如此，如果是不適合自己的工作，就像穿著不合腳的鞋子走路一樣，即便能咬牙堅持一陣子，也會給自己帶來痛苦，而這樣的痛苦明明是可以避免的。

有些人生性隱忍內斂，拼命努力之後沒有成果，只會默默地傷心，默默地從頭再來，但長久的壓抑總會有爆發的一天；本來就容易把期望定得過高，又受不了打擊的人，就會爆發，或者喋喋不休地抱怨，或者做出極端的行為來洩憤。不論是哪一種，對於人生的發展都沒有好處，做出成績的可能性也很小。而那些找到自己的做事方法並付諸行動的智者，就無需狼狽地橫衝直撞，而是能從從容容地把事情做完，同時還能保持高品質和高效率。

如果能夠避開自己的劣勢，那麼與其花時間去彌補自己的短處，還不如盡早發揮自己的優勢。

失敗了，就離成功不遠了

西元一九七六年八月十六日，由於蘇．西蒙斯（Sue Simmons）離開巴爾的摩，歐普拉開始和當時最有聲望的傑瑞．特納（Jerry Turner）主持新聞節目。他們之間產生很多衝突，尤其是歐普拉讓別人替她寫稿子，而且上節目之前從不排練。特納非常堅持要自己寫新聞稿，因此覺得她的做法不可理喻。

有一次歐普拉在節目中笑稱傑瑞．特納太老了，老到足以當她的父親，這句話成了導火線，不久後歐普拉就被辭退了。就在愚人節那天，她在主持八個月後失去了這份工作。

因為自己工作上的懈怠以及說話不謹慎，工作還不到一年就被辭退，著實是歐普拉職業生涯中不太光彩的一幕。辭退事件讓她深刻地反省了自己，從來就沒有輸過的她這次的確打擊不小。從此歐普拉在之後的工作中表現得非常積極，再也沒有懈怠過。

每個人都不能保證自己的一生一帆風順，譬如失業就是一件難免的事，面對失業，很多人痛苦不堪，為失去工作而煩惱。其實，被解雇不一定是壞事，只要樹立信心，肯定會有柳暗花明又一村的新景象。

很多人正是由於被解雇才使自己獲得更大的發展空間。失敗了，沒有什麼，想想曾經一無所有的時候不是照樣能夠堅持下來嗎？失戀了，也沒什麼，只不過是又回到了從前一個人過的日子。這一切都沒有什麼，重新開始，從頭再來不見得會差，反而會讓我們更加沉穩，更加懂得珍惜。從這一個角度來說，失敗豈不是一件好事？那些優秀的人、成功的人並不是沒有失敗過，而是他們能夠從失敗中走出來。

國際大導演李安也有長期失業的紀錄。他大學畢業後前往美國取得戲劇學士和碩士的學位，然而碩士畢業後，李安的電影事業一直無法開展，曾經有長達六年都賦閒在家，一家四口的生活全靠老婆林嘉惠維持。然而他每天大量閱讀、看影片、做家事、寫劇本，終於逐步嶄露頭角，在西元二〇〇一年以《臥虎藏龍》榮獲奧斯卡金像獎最佳外語片。最近美國《時代》雜誌評選出自從西元二〇〇〇年到現在，全世界最經典的十部電影，李安執導的《臥虎藏龍》，高居第四名，這也是唯一入榜的華語電影。

只要你能夠重新站起來，就無所謂失敗了。

背水一戰，危機就是轉機

當威廉‧貝克提出要讓歐普拉去主持晨間脫口秀時，歐普拉覺得這世界都徹底變灰暗了，甚至比突如其來的降職更令她難受。

貝克對她說：「歐普拉，要是你能把晨間節目主持得非常成功，我敢說你會對巴爾的摩帶來更加深遠的影響，比當新聞主持人的影響要大得多。我幫你打電話，監督製片人，整個操作過程我都會在現場，因為我和你一樣，命運就取決於這個晨間脫口秀節目。我們一起把它炒熱。」

後來的事情大家都知道了，歐普拉主持的這檔脫口秀節目《大家談》迅速走紅，這場戰役的勝利讓歐普拉重新站了起來。

美國著名成功學家溫特‧菲力說：「失敗，是走上更高地位的開始。」許多人所獲得最後的勝利，只是來自於他們的屢敗屢戰。對於沒有遇見過失敗的人，有時反而讓他不知道什麼是大勝利。失敗在勇敢者看來，卻意味著更清晰的希望和更堅定的決心。

對於意志永不屈服的人來說，根本就沒有所謂的失敗。無論成功是多麼遙遠，失敗的次數是多少，他們都相信，每跌倒一次，爬起來時邁出的那一小步，就可能是走向成功的那一大步。就算暫時處在低谷，只要你永不甘屈服，那麼勝利就在前方向你招手。

俗話說：「山不轉，路轉；路不轉，人轉。」《易經》上說：「窮則變，變則通。」《聖經》上也這麼說：「上帝關了這扇窗，必會為你開啟另一道門。」

天生沒有四肢、《人生不設限》（Life without Limits: Inspiration for a Ridiculously Good Life）的作者尼克・胡哲（Nick Vujicic），自殺過三次，直到他領悟到，如果讓摯愛的家人趴在他的墓碑前痛哭，他在另外一個世界將過著永無止境的悔恨日子，從此他才打消自殺的念頭。在胡哲十三歲時，他看到了一篇介紹一名殘障人士自強不息的文章，深受感動，從此拾起了生活的信念。胡哲憑藉著自己的努力，學會了游泳、打高爾夫球、衝浪、踢足球。最重要的是，他成為了一個樂觀幽默的人。如今，胡哲已經是一名巡迴世界演講的大師，他鼓舞全世界有相似經歷的人們振作起來，告訴人們把自己的障礙轉化為祝福。現在每天都有他不認識的人想透過各種管道與他接觸，感謝他帶來的激勵和感動，讓胡哲覺得自己的人生「真是幸福得不像話」。

天無絕人之路，上天總會給有心人一個反敗為勝的機會。

別急，成功不是一蹴可幾

誰都不是天生的成功者，歐普拉的職業生涯也並非一帆風順，她從電視臺的播音員做起，在電視界奮鬥了十多年，才遇上了伯樂──《早安芝加哥》的老闆，他把這個半死不活的節目扔給了她。

兩年後，《早安芝加哥》正式改名為《歐普拉‧溫佛瑞秀》。歐普拉這個胖胖的黑人女性開始在全美大放異彩，影響力在後來的二十多年裡遍及全世界。

在競爭激烈的電視圈，很少有人能維持地位二十五年而不墜。這樣的結果，源自歐普拉堅定的信念和超乎常人的努力。她遇到過挫折，一路走來伴隨著成功的是同樣多的爭議，這些都沒能阻止歐普拉的傲人成就，甚至從某些方面說，種種挫折反倒為這個不服輸的她提供了動力，推了她一把。

不可否認，在通向成功的道路上每個人都會遭遇很多挫折，可能天資不那麼出色，可能會有人嘲笑你甚至阻攔你。然而更多時候，給心靈和行動套上枷鎖的往往是自己。你會受到他人的影響，也會懷疑自己的能力，放棄了努力。而那些最終實現目標的人絕對是心地純淨沒有雜念的人，他們不相信別的，只做自己夢想的信徒。他們相信除非自己放棄，否則沒有任何東西能阻擋自己的腳步。成功需要堅定的耐力，需要執著，需要竭盡全力。缺乏毅力的人總是不能全神貫注地做一件事情，不能「耐」而不能「靜」，無法樹立宏遠的志向。只有具備耐心的人，才有可能在千頭萬緒中踏踏實實地做出一番事業。

成功應是耐得住寂寞的堅守，應是耐得住久熬的堅持。一粒種子，只有經過時間的沉澱才能破土而出；一隻雛鷹，只有不斷摔倒練習高飛才能展翅翱翔；一隻貝殼，只有經過血肉的打磨，才能孕育出璀璨的珍珠。

木村秋則是日本青森縣的蘋果果農，有一天他偶然發現一本講述「自然農耕」的書籍，於是他開始以無農藥、不施肥的方式來栽種蘋果，沒料到木村家的蘋果就是不開花、不結果，一家七口沒有收入，為了養活家人，他只好去工地、酒店打工，忍受著鄰居和同業的嘲笑，而自然耕種的蘋果樹在第八年的春天終於開花結果了。如今，木村秋則的蘋果是高級料理店的招牌，訂單傳真讓電話完全佔線打不通，奇跡的無農藥蘋果讓許多人夢寐以求。

即使對一顆聰明的頭腦來說，堅持不懈的努力也是成功的必備條件，更不能忘記的是，成功需要時間的累積。

生氣不如爭氣，翻臉不如翻身

西元一九七七年的愚人節，歐普拉從電視臺最優秀的新聞主持人位置被撤下來，去電視臺最不起眼的位置，做晨間插播節目。明白了自己處境之後，歐普拉閉緊了抱怨的嘴巴，開始賣力地做起手上的工作。

歐普拉每天早上六點去上班，在電視臺裡待上一整天，所有丟給她的差事都做。她對錄製小組的成員都不錯，並且和電視臺所有的人成了朋友。

儘管當時降職對歐普拉打擊相當大，成了對她的嚴峻考驗，卻也激勵她為以後的成功不斷開拓創新。歐普拉很清楚雄心壯志加上不間斷的努力和堅持就能獲得豐厚的成果，只有做得比以前更加努力，才有可能起死回生。

被降職之後的歐普拉，雖然也覺得自己受了很大的委屈，但是並沒有抱怨連連。相反地，她採取了明智的應對方法，在新的崗位上做到最好，重新換來別人對她的肯定。

有些人總是忍受不了委屈，一旦覺得自己吃虧了，情緒就極易波動。今天抱怨這個，明天抱怨那個，彷彿一刻不說抱怨的話，就感受不到心裡的平衡。但是，一味地去抱怨自身的處境，對於改善處境沒有絲毫益處，只有先靜下心來分析自己，並下定決心去改變，付諸行動，才能向自己所希望的方向發展。

誰的人生都會遭遇質疑和委屈，沒有一個人能說「我的人生之路是平坦的」。但是，你該怎樣面對你的人生？面對那些否定你或者看輕你的人，衝上去理論無疑是最不明智的行為。不妨學學歐普拉，在經歷了別人的輕視時，在承受了人生的冷遇時，生氣不如爭氣，翻臉不如翻身。花時間抱怨，不如花時間去充實自我，解決問題。

剛出道時的藝人孫協志，曾因為說話的口音很「台」，常被製作單位嫌棄，挨罵、冷潮熱諷是常有的事。但他認為，就因為知道錯在哪，才能有修正的機會，透過勤唸報紙的自修功夫，現在台味早已離他遠去，反而給了大家「口條溜、有條理」的清新印象。藝人徐若瑄也有過類似的經驗，剛進演藝圈時對自己的穿著品味極度缺乏自信，總要依靠服裝師幫忙打點，但現在的她，不僅已經可以靠自己打理出個人魅力，還能成為別人的造型與服裝顧問，她說：「這一切，都是靠著在跌倒中成長，不斷學習而來的。」

你說我不行，我偏要讓你看看，我是可以的，我做得到！

從受害者到苦難者的希望

對那些有過相似苦難經歷的人來說，歐普拉是一座燈塔。她是一位富有勇氣和決心的女性，拒絕被自己童年的苦難和謠言的中傷打敗。無數的人從她一生的成功中，相信自己也可以獲得救贖。

在與公眾分享遭受性侵害、吸毒、與已婚男士交往這些「可恥的祕密」的過程中，歐普拉不可避免的觸動了成千上萬人的心。就這一層意義而言，《歐普拉•溫佛瑞秀》就是歐普拉一直所說的「治癒人們創傷的節目」。並且，歐普拉在那段時間承受的羞辱，反而使歐普拉更加善解人意，更能承受一切。

功成名就之後，歐普拉渴望回饋他人，因此她在西元一九九七年創辦了「天使頻道」（Angel Network）。她創立這個機構主要的目的是倡導慈善活動和進行義工服務，鼓勵大家幫助需要幫助的人。

人被冷箭射中，第一反應通常是憤怒，強硬的人會想要反擊回去，而比較軟弱的人，只能暗地裡傷心。在生活的不經意間，你就可能突然陷入流言蜚語中。你憤怒、無助、孤獨，但甚至可能連對手都找不到。這時候，不管你以什麼姿態面對都要謹記一點：沒有流言能真正中傷你，只看你自己怎樣對待。古語說：「謠言止於智者。」一個真正有智慧的人，決不會為謠言所動，一定要去考察事實真相。

受到中傷，第一個反應就是尖刻的回擊，短時間內真的很過癮，可是這不能從根本上解決問題。謠言的內容無非就是完全虛假和誇張事實這兩種，如果是前者，那麼狠狠反擊回去是沒錯的；但如果不幸是後者，反擊的方法不對，反而會成為眾矢之的，連最後的同情分都喪失了。要知道世界上有太多喜歡看熱鬧的人，他們最喜歡看受害人的反應。這時候你的表現決定了你帶給別人的印象。

中傷在令人身心俱疲的同時，卻也同樣磨練人的心志。並且，它像一面鏡子一樣，不僅讓我們看清人和事，也能讓我們反思自省。有些人被流言擊倒，甚至走向極端。而有些人則保持清醒，涅槃重生。

能否從受人中傷中獲得什麼，全看我們的心智是否成熟。

因為你的誤解，讓我繼續堅持下去

蓋爾・金恩（Gayle King）是歐普拉最好的幾個朋友之一，西元一九七六年，她在巴爾的摩遇見蓋爾・金恩，從此兩人結為終生的好朋友。歐普拉和蓋爾總是在一起聊一些家常話題，分享彼此的隱私。歐普拉在蓋爾的生活中是個極其重要的存在，她稱她是個「愉快的領導者」，因為這是一個見證了她的成功和失意的人。儘管歐普拉有一個同居的男朋友，但她還是願意花更多時間跟好友在一起。

蓋爾搬到紐約來接管歐普拉創辦的《歐普拉雜誌》（O: The Oprah Winfrey Magazine）雜誌，歐普拉在曼哈頓為她買了一棟公寓。她們一起環遊世界，有時葛藍姆也加入她們，有時只就有她們兩個為彼此做伴。

很多人質疑她和蓋爾・金為什麼能維持二十多年的好友情誼，歐普拉解釋：「無論我發生了什麼事，我們每天晚上都會為某件事大笑一場，她是安定我的力量。」

「蓋爾讓我紮實、不偏激。她平衡了我的生活，我們的交情從一九七六年至今，非比尋常，就像親姊妹一樣。」

在人們的印象中，太強勢、太成功的女人往往很難交到知心的好朋友，人們天生的那份嫉妒與虛榮，總是喜歡和自己身分地位差不多的人交往。的確，歐普拉也曾說自己並不是一個容易交朋友的人，與她相知多年、關係親密的人並不多。但她和蓋爾・金的親密友誼卻是眾所皆知。

閨中密友對於女人的意義完全不亞於情人。歌手范瑋琪在《一個像夏天一個像秋天》這首歌中，用一句「我離不開 darling 更離不開你」來表達友情對自己的重要。朋友對每個人都是必不可少的存在。

傳奇詩人紀伯倫（Kahlil Gibran）說過：「你的朋友能滿足你的需要。你的朋友是你的土地，你懷著愛而播種、收穫，就會從中得到糧食。」確立美國文化精神的美國作家愛默生（Ralph Waldo Emerson）則說：「友誼是人生的調味品，也是人生的止痛藥。」友情對於一個人有多重要，即使這些大師不用美麗語言讚美，也沒有人會懷疑這個真理。孤單無助的時候，好友陪你度過，戀愛了，好友給你當參謀，失戀了，好友幫你療傷。

任何時候，好友都是我們最好的後盾和溫暖港灣。

離開是為了讓自己重新歸零

《歐普拉・溫佛瑞秀》停播之後，歐普拉曾向外界透露：「這一次的離開，是為以後更好再出發」。歐普拉將她的事業中心轉移到由她和美國探索傳播公司（Discovery Communications）一起投資成立的OWN電視網（The Oprah Winfrey Network）。這個有線電視頻道於西元二〇一一年一月正式投入營運。

此外，歐普拉還雄心勃勃地計畫一個新節目。她希望製作《下一個電視巨星》（Next TV Star）。在這樣的節目裡，參與者通過製作新的電視試驗節目進行競爭；順理成章的，優勝者將獲得在OWN開播系列節目的機會。

曾經紅遍全美國的《歐普拉・溫佛瑞秀》由於各種原因被迫停播，但歐普拉並沒有就此消沉下去，她選擇迅速轉身離開，投入新的戰鬥，她把眼光著眼於未來，而不是當下一時一刻的低潮。她這樣做，就好像在說「我沒有敗，我只是暫時離開，我還會回來的。」

當我們處在事業和人生的低潮期時，需要的正是這種遠見和魄力，而不是陷在一時的失敗和痛苦中不能自拔。武俠小說裡的那些武林高手，年輕時候學了些皮毛功夫就和別人比武，結果自然輸了，於是他們告別塵世，回到洞中苦練，終於練成絕世武功，為當年的失敗雪恥。離開只是暫時的，是為了下一次的勝利積蓄力量。

人的一生，都會遇到生命的低谷，這是人生用來考驗我們的一份試卷，只有經歷過磨礪的人生，才會光芒四射。因為，命運在賜予我們各種打擊的同時，往往也把一把開啟成功之門的鑰匙放到了我們的手中。厄運是不幸的，但是如果我們選擇逃避，那麼它就會像瘋狗一樣一直追逐著我們；如果我們直起身子，揮舞著拳頭向它大聲斥喝，它就只能夾著尾巴灰溜溜地逃走。

從事積極心理學研究的學者發現：積極樂觀的人對於挫折感反應較遲鈍，而且會因為挫折而更加努力、期盼成功，就連身體健康狀況也比悲觀的人好很多。加拿大冰上曲棍球選手韋恩·格雷茨基（Wayne Gretzky）也說：「如果你不射門，百分之百不會命中。」不要因為失敗了幾次就判定自已出局，就此放棄再射門的機會，有自信的人會認為，那些失敗只是已經找出了「不可行方法」，把這些挫敗點記下來，轉化為學習目標再努力，耐心等待，成功就會到來。休息，是為了重新出發，是為了走更遠的路，是為了調整自我，是為了在下一回合的挑戰中揮出漂亮的一擊。

只要你堅持不懈地努力，機會的大門就永遠向你敞開。

我不要合群，我要鶴立雞群

西元一九九四年，歐普拉邀請高中的同班同學共同錄製了一個節目，藉以紀念他們當年的同窗情誼。那麼多的同學站在臺上，而歐普拉是他們當中唯一一個在高中就開始迸發巨大潛力的人。節目快結束時，她請同學們回憶高中時代的感覺，大家的回答很溫暖很得體，說當時感覺所有人都像一個大家庭。

歐普拉聽著，覺得好笑。她說：「同學們，我當時並不覺得那真的像是一個家，只覺得那就是一個過程。於是我繼續努力。」

歐普拉的這句話聽起來也許有點傷人，但這的確是事實。她在學生時代就和別人不一樣，她有她的夢想，她刻苦學習和其他孩子拉開距離，她不需要合群，她要的是鶴立雞群、脫穎而出。

優秀的人總是極少數，所以優秀的人總是孤獨的，如果你和別人想得一樣、做得一樣，那麼最終也會成為平庸大多數中的一員。如果你能夠比別人看得更遠、比別人付出得更多、比別人堅持得更久，才有可能比別人收獲得更多。

魯迅曾經說過，他把別人喝咖啡的時間都用來工作。我們每個人也是一樣，如果別人偷懶我們也偷懶，別人休息我們也休息，別人玩的時候我們也去玩，大家都一樣，就像「一個大家庭」，氣氛固然很融洽，但你也休想取得別人沒有的成績。

很多人在人生的路上，總喜歡停下來看看別人跑到哪裡了，如果還有人在後面，就大可以自我安慰一番，累了不如歇一會吧。殊不知，就在你停下來回頭看的時候又有多少人從你後面超越過了你。

曾群雄曾擔任希爾頓飯店西餐主廚，他同時也是各大國宴中從不缺席的靈魂人物。這個來自屏東鄉下的孩子，從什麼都不會到專任國際級飯店的主廚，從不識二十六個英文字母到滔滔不絕的英語對談能力，在國際飯店工作了近三十年卻沒有被淘汰。他成功的祕訣就是：「永遠跑在別人前面的努力！」

專心一點，在你到達終點之前，別去管別人跑到哪兒了，這樣你才有可能跑在別人前面。

停止奴隸的思考法

歐普拉說：「我的夥伴傑佛瑞．賈寇比（Jeffrey Jaob）將我從奴役的內心枷鎖中釋放了出來，讓我認識到自己可以掌控的東西。可能是童年時期過得太悲慘了，我總是很看重控制力，但那並不是指控制別人，我理解的控制力是不需要讓別人告訴我自己該做什麼。我再也不會像個奴隸一樣思考問題，我有天才的思維方式，我說出的東西必須達到一個水準。」

歐普拉說自己從前「像奴隸一樣思考問題」，也許讓人覺得有些偏激，但事實上我們許多人又何嘗不是如此呢？在很多事情上都會受到別人想法的影響，不是主動思考，而是由別人來告訴我們應該做什麼、應該怎樣做，這實際上就是一種被人奴役的思維方式。

嘴巴是別人的，人生是自己的，有習慣性被人家嘴巴「虐待」的人，請想一想：「為什麼要當人家嘴巴下的奴隸？為什麼要這麼在意別人的想法？只要你想通了，你就擁有快樂的「自主權」。」其實，世界美不美，生活好不好，關鍵在於你想不想走出關著自己的小屋。

有一個關於毛毛蟲的著名實驗，將一組毛毛蟲放在一個大花盆的邊緣上，使牠們首尾相接，排成一個圓形。那些毛毛蟲開始移動，牠們像一個長長的遊行隊伍，沒有頭，也沒有尾。觀察者在毛毛蟲隊伍旁邊擺放了一些牠們喜愛吃的食物。但是，沒有一隻毛毛蟲停了下來，牠們一隻跟一隻地繼續繞著花盆移動。整隊毛毛蟲沿著花盆邊以同樣的速度爬了七天七夜，一直到餓死為止。後來，科學家把這種喜歡跟著前面的路線走的習慣稱之為「跟隨者」的習慣，把因跟隨而導致失敗的現象稱為「毛毛蟲效應」。

在這個試驗中，每一隻毛毛蟲都知道，離自己不遠的地方有十分可口的美食，卻一直跟著前面的毛毛蟲盲目地前進，一直到餓死，這就是因為牠們不會獨立思考，永遠只會跟著別人走。如果不想走到這一步，就不能讓別人來告訴我們自己該做什麼、該走哪條路。每個人都應該有自己獨立的主見和判斷，而且要相信自己的判斷。

其實，我們人類也難逃這種效應的影響。在工作、學習和日常生活中，對於那些「輕車熟路」的問題，會下意識地重覆一些現成的思考過程和行為方式，因此很容易產生思想上的慣性，也就是不由自主地依靠既有的經驗，按固定思路去考慮問題，不願意轉一個方向或換一個角度想問題。別人的說法可能有千種萬種，自己卻萬萬不能糊裡糊塗。

PART 04

其實我這麼努力

因為我努力，才換來成功的機會

在歐普拉白手起家的故事中，有一部分鮮為人知，即一直以來激勵她前進的是強大野心，她的動力無可估量。她整天那麼努力工作，從來沒有停止向前看，總是在努力實現目標。

歐普拉非常主動，開車速度很快，每天晚上大約只睡四、五個小時，很少放鬆自己。她總是鞭策自己，而且督促周圍所有的人，這可以說是她取得巨大成就的主要原因。

歐普拉說：「我非常渴望得到他人的認可，別人說我野心勃勃，我確實很難滿足。假如沒有關閉按鈕的話，我這臺發動機不斷地運轉，日日夜夜馬不停蹄，我的行程有些緊湊，但是這就是我一直以來所期待的生活。我總是想忙碌起來，甚至不需要空出呼吸的時間。」

歐普拉年輕的時候，就開始了打拼的歷程，因此成功來得也早。但是在這成功背後，也有一部艱難的奮鬥史。當我們抱怨著早上六、七點起床趕公車、晚上加班到八、九點的時候，很少有人想過，那些頭頂光環的佼佼者，他們又過著什麼樣的生活。電視行業是個作息極不規律、沒日沒夜幹活的行業，何況歐普拉又要做節目、又要做電影和雜誌，常常只睡四、五個小時，巴不得自己一天比別人多二十四小時。看來，每個成功人士背後都有許多辛酸血淚，沒有誰能隨隨便便成功。

有一個知名入口網站做的「幸福大調查」，上萬網友投票選出的幸福典範人物，不是什麼政商富豪或是演藝名人，而是一位廚師——人稱「阿基師」的鄭衍基。阿基師年輕時，曾經為了幫家裡還債，每天到四個地方上班，做四份工作，短短幾年就還清了高達七百萬元的債務。這幾年，他上電視、出書，已是家喻戶曉的大廚師，也賺了不少錢，但他仍騎摩托車趕通告，每天早上七點半就打卡上班，一天工作十六小時。阿基師曾在一次演講中說：「我的人生，就像是一碗酸辣湯，酸甜苦辣通通在裡面。酸辣湯是酸、辣、鹹五味雜陳，辣過頭了就會有苦，白胡椒加太多，也會苦。」就是這種正面、積極、堅毅又超努力的形象，為他贏得了幸福人物榜首。

生活中，許多的人在等，等累積夠經驗和時間，等機會，等來等去就等老了，不說沒有機會，就算有機會，恐怕也沒有奮力一博的勇氣了。看看那些已經成功的人們，大多都是在自己青春年少的時候就開始了頑強的打拼。知名作家張愛玲說：「出名要趁早。」其實，人生永遠是一趟趕早不趕晚的旅行，不只是出名要趁早，闖出事業、活出自我也要趁早。

一夜成名之前我付出了許多的努力

西元一九八五年，歐普拉扮演了電影《紫色姊妹花》中的配角蘇菲亞，這部根據艾麗絲•沃克（Alice Walker）小說改編的電影囊獲了當年奧斯卡十一項大獎的提名，歐普拉則獲得了奧斯卡最佳女配角提名。雖然這部電影最終出乎意料地沒有獲得任何一座獎項，但這部電影處女作讓歐普拉超越了電視節目主持人的領域，頓時名聲大噪。

《明星論壇報》（Star Tribune）的記者想在報紙中報導她「一夜成名」，歐普拉則表示：「我不喜歡別人這樣說我，因為沒有人可以一夜成名。正如你之所以到現在這個位置，我之所以到達現在這個位置，都是因為我們之前做過很多努力。」

一夜成名，一夜暴富，很多人都有這樣的幻想，幻想一下激勵自己無可厚非，但假若用這種心態來過生活，可能就不切實際了。

古代有一個年輕人想學劍法，他找到一位當時最有名氣的老者拜師學藝。老者把一套劍法傳授給他，並叮囑他要刻苦練習。有一天，年輕人問老者：「我照這樣練習，需要多久才能夠成功呢？」老者答：「三個月。」年輕人又問：「我晚上不睡覺來練習，需要多久才能夠成功？」老者答：「三年。」年輕人吃了一驚，繼續問道：「如果我白天黑夜都來練劍，吃飯走路也想著練劍，又需要多久才能成功？」老者微微笑道：「三十年。」年輕人不禁愕然……。年輕人總想著用最快的速度達到成功，卻不明白自己違背了自然界的客觀規律，萬事萬物的發展都要有一個過程。

在這個快節奏的時代，大家都想一夜成名。然而美國總統歐巴馬（Barrack Obama）卻勸畢業生：「很少人能一夜成名，縱使能也無法持久。成功來自於每天大小選擇和大小努力長期累積的結果。」歐巴馬回顧大學畢業時，家人和朋友都勸他去華爾街甚至當電視主播，他卻是選擇到貧窮社區當志工。在這個過程中他累積了許多歷練，這些歷練都成為他一步一步邁向成功的本錢。

正如揠苗助長的故事，所有的幼苗由於沒有經歷成長的必經過程，最終都死了。成功本是持久戰，不要總想著速成，急於求成是許多人身上常見的敗因。

一個人只有擺脫了速成心態，一步步地積極努力，步步為營，才能達成自己的目的。

付出和成功是一對兄弟

西元一九八八年的某一個星期，歐普拉坐飛機去阿拉巴馬州的莫比爾（Mobile），在那裡演講完之後馬上又去納什維爾做另一場演講。返回芝加哥後，她又開始錄製後續節目，之後又到俄亥俄州的克利夫蘭（Cleveland）進行演說。演說結束後她坐飛機去北卡羅來納州的格林斯博羅（Greensboro），在那裡和男朋友葛藍姆．史特曼（Graham Stedman）吃了頓飯。接下來第二天一早，她飛回紐約出席頒獎典禮，然後和葛藍姆一起回到納什維爾，參加慈善棒球賽，並在棒球賽的第二天返回芝加哥。

歐普拉的成就人人羨慕，卻很少有人關注她一路走來到底付出了多少。歐普拉總是在鞭策自己，而且督促周圍所有人，這可以說是她取得成就的核心因素。

看看歐普拉這一個星期的忙碌行程就可以知道，想要收獲就必須付出，想要比別人得到更多，就要比別人付出更多。是的，「付出」這兩個字聽起來好像令你很不願意去做，但是你不能迴避這兩個字，因為成功的確需要付出。

每個人都要把握自己內在的動力，超越自我，才能不斷地鞭策自己前進，而不因一時的懈怠或暫時的成功而失去繼續努力的動力。

一個人的成功與否和他的付出有莫大的關係。只有真心地覺得「我要成功」，並為之不停努力，「成功」才不會只存在於規劃當中。Pour your heart into it. 這就是星巴克（Starbucks）董事會主席霍華德．舒爾茨（Howard Schultz）的工作祕訣——將心注入。

天王劉德華的勤奮敬業有目共睹，天中公司的總經理余秉翰跟劉德華合作了很久，他說：「劉德華比所有人都懂得利用時間。他在北京拍戲的時候，別人都休息了，他就從香港叫了一個舞蹈老師過來，在房間裡弄了一個鏡子，幫他排舞。一天排三個小時，兩、三天就排好一個舞。晚上可以去錄音，或者在家裡寫寫歌詞。等拍完了戲，大家發現，他的專輯也錄好了，舞也排好了。他就是一點時間都不會放過。」

西元二〇〇八年，在北京奧運會一舉奪下冠軍的世界游泳選手菲爾普斯（Michael Phelps），就是一個最好的例子。他從小由一位單親媽媽扶養長大，不僅身材比例怪異，說話會口吃，而且還是個過動兒。然而，菲爾普斯卻總是每天第一個到泳池，而且對教練的魔鬼訓練計畫深信不疑。就是因為付出比別人更多倍的努力，他不僅克服了身體和心理的障礙，更成為新世代的封神榜，運動史上名留青史的超級巨星。

不問為什麼，只問怎麼做，把自己的心交出來，就是能一路向前的動力來源。

用兩倍的努力證明自己

歐普拉籌拍的影集《釀酒廠的女人》（The Wowen of Brester Place）在西元一九八九年三月十九號和二十號上映。歐普拉事先同意在全美國境內為ABC電視臺做宣傳。歐普拉的手下大將賈寇比強調歐普拉做的是一件好事，並且她不在乎是否有利可圖。

「《釀酒廠的女人》還沒有上映，」賈寇比說，「上映後我們就會知道人們的反應如何，票房會不會很高。不管怎樣，這本書很重要，這部影片也不錯。因此一定要成功。我們賺錢了，那很棒。要是沒賺錢，也沒關係，因為開展專案除了賺錢還有別的理由。」

「演出《紫色姊妹花》後，我想證明自己並不是僥倖才有機會演電影的。」歐普拉說。為了完成拍攝，歐普拉每天工作十八個小時，這樣的生活持續了六個禮拜。身為監製人她每天第一個到達拍攝現場。

自西元一九八四年NBC的《致命視覺》（Fatal Vision）推出以來，《釀酒廠的女人》就成了收視率最高的影集，平均收視率達到百分之二十四。丹尼爾．魯斯（Daniel Ruth）過去曾批評過歐普拉，但這次他卻在《芝加哥太陽時報》上讚揚她「極具天賦的女性，尤其是一名了不起的女演員。在製片過程中……她從頭到尾都表現得精力充沛。這種性格很了不起。」

雖然在之前在《摯愛》中的表演遭到外界的質疑，但歐普拉沒有就此放棄，她懷著內心對表演的熱愛繼續努力著，而且投入比以前更大的熱情，因為她要像世人證明自己的確是一個偉大的女演員。

當我們的才華和能力遭到質疑時，是不是也有同樣的勇氣，迎著別人的質疑，付出百分之二百的努力呢？還是會這樣想：別人都說我不行了，如果再試一次還是做不好，那多慘啊。如果你能夠從失敗的地方爬起來，把以前沒有做好的事情做好了，那麼你的人生之路就會愈走愈寬。

在一座偏僻遙遠的山谷裡的斷崖上，不知何時，長出了一株小小的百合。它剛誕生的時候，長得和野草一模一樣，但是，它的內心深處有一個的念頭：「我是一株百合，不是一株野草。唯一能證明我是百合的方法，就是開出美麗的花朵。」它努力地吸收水分和陽光，深深地紮根，直直地挺著胸膛。百合努力地釋放內心的能量。終於，它開花了，成為斷崖上一抹最美麗的風景。

執著才能成大事

歐普拉在創建哈波娛樂公司那段時間去洛杉磯拍攝《釀酒廠的女人們》。這部影集原型是源自於葛蘿麗亞・奈勒（Gloria Naylor）的一部小說，內容講述七個黑人女性團結起來，奮力對抗貧民窟的痛苦生活。這是歐普拉第一次在影集中擔任主角，而這也是她監製的第一部片子。儘管歐普拉認為「這是迄今為止所有電視網路所推出的最佳電視劇」，但三家電視網都拒絕這個企畫案。於是歐普拉直接飛到洛杉磯去見美國廣播公司（American Broadcasting Company，ABC）娛樂網總裁布蘭登・斯托達德（Brandon Stoddard），最終憑藉自己的影響力爭取到了機會。

《釀酒廠的女人》這部起初得不到別人認可的影集，播出之後得到了很好的迴響。可是誰會知道，這部收視率創下新高的影片，如果不是因為歐普拉執著地尋找機會，就差一點連上映的機會都沒有了。換做是其他人，可能在碰壁三次之後就灰心了，甚至懷疑自己的影片不夠好、沒有價值，沒有勇氣再去尋找新的機會。歐普拉卻堅持自己的判斷，她相信這會是一部優秀的影片，因此她絕不妥協。

做任何事業，都需要這種執著的精神。世界上那些在某方面取得卓越的成績、為大眾所矚目和敬仰的菁英、成功人士，大多有過受到輕視和不屑的遭遇，但他們正是憑藉自己的執著，最終實現了自己的理想，取得了令人豔羨的成就。

出生在屏東鄉下的吳寶春，十二歲時，父親過世，家中生計全靠母親一人。一直以來，吳寶春內在有著強烈的趨動力希望可以成功、出人頭地，讓母親不必再過苦日子。由於不斷努力，他終於打敗歐、美、日頂尖的麵包師父，成為第一屆世界麵包大師個人冠軍。只有國中畢業、沒吃過法國麵包的吳寶春，卻連續兩次在法國比賽奪冠，創下了烘焙業的傳奇。

大多數人之所以平凡，之所以還未成功，是因為他們一遇到困難就會放棄自己的理想與目標，不夠堅持，不夠執著。碰壁之後不要灰心喪氣，再艱難也要振作；如果痛苦之後夢想不滅，那就繼續努力地追求夢想，要知道，很多改變就在於我們下一秒的忍耐。

如果還能承受，就別輕易放棄，堅持雖然很累，但放棄卻會造成終生的遺憾。

小事也要用百分百的熱情去做

拍攝電影《摯愛》時，為了做好演出準備，歐普拉不斷蒐集各種有關奴隸的紀錄，購買各大莊園拍賣的所有權文件，上面除了列有購買騾子、豬的花費，還有購買奴隸的價錢。

歐普拉還報名參加某項練習活動，以體驗逃亡奴隸的複雜情感，了解奴隸是如何被剝奪了自由意願和獨立思考的權利。這兩天活動當中，她一直過著逃亡生活，蒙著眼睛，後面有獵狗追趕，騎在馬背上的奴隸主還不時朝她吐口水，這對她的演出有很大的幫助。

歐普拉並非演藝科班出身，很多人認為，她也沒什麼演員的天賦。但她仍然願意付出熱情去嘗試，透過傳統而有效的體驗令自己做到最佳的表現。更不要說她還兼顧著主持的工作，並且毫不落人後，這一切都歸功於她百分之一百的努力。

許多人在面對「自己沒有天賦」的工作時常抱著另一種心理，認為「無論怎樣努力，都不會得到認可吧」、「這份工作不適合我」、「稍微放鬆一下沒關係啦」，不肯全力以赴，那麼只怕這一生都要因為失敗而後悔了。我們並不知道，什麼人在什麼時刻會關注到我們的工作。所以，只有老老實實把手頭的事情做好，才會得到世人的認可。社會和職場，都不是家家酒，不付出努力是辦不好的。

接受下來的工作和學業，就要竭盡全力，漂漂亮亮的完成。就算是有正當的理由，也不能敷衍了事。這是工作上的品格，是獲得成功的祕訣。不全力以赴，就等於變相放走了機會。人的能力，確實是有限的，這一點誰都不得不承認。每個人都有無論如何都不擅長的領域。但是，如果是因為不夠努力而失敗，那樣的遺憾卻完全是可以避免的。

大凡有成就的人，幾乎都有一個共同的特質：無論從事哪一種職業，也無論這些人的才智高低，他們都對自己所從事的工作抱有極大的熱情，這是促成他們取得不凡成就的主要因素之一。」一個人要有所成就，除了客觀條件與能力外，更需要正確的態度。事情的結果往往跟我們的熱情程度成正比，只有在工作中投入熱情，才能激發出靈感和創意，所以我們要主動做事，力求成就完美。

與其後悔當時沒有做，不如做了之後再後悔吧。

Luck is a matter of preparation meeting opportunity.

幸運，其實就是準備遇到了機會。

我要從「人名」變成「人物」

西元一九七八年一月二日，歐普拉成了《人物》雜誌的封面人物，此時她的地位攀升到了頂峰。這是她第一次登上《人物》雜誌的封面，並在接下來的二十年間總共出現十二次。

歐普拉和戴安娜王妃、茱莉亞．羅伯茲（Julia Fiona Roberts）、麥可．傑克森以及伊莉莎白．泰勒成了同一個等級的人士。電視節目《名人紀實》（Celebrity Profile）加冕她為大眾文化偶像。「歐普拉」這個名字，終於成了一個響噹噹的人物。

西元一九九八年是《歐普拉．溫佛瑞秀》播出第十三季，已經贏得三十座日間艾美獎（Daytime Emmy Award），年僅四十四歲的歐普拉，獲頒艾美獎終生成就獎的榮譽。美國《浮華世界》雜誌盛讚她：「歐普拉．溫佛瑞對文化的影響力絕不亞於大學校長、政客和宗教領袖，唯一可能的例外是天主教教宗。」

小時候，歐普拉想要把自己的明星塑像立在好萊塢星光大道上、想要像薛尼．鮑迪一樣成為奧斯卡獎得主，想要成為戴安娜．羅斯那樣電視名人。那時候的「歐普拉」還僅僅是一個小女孩的名字，一個從 Orpah 誤寫成 Oprah 的名字。短短二十幾年，這個名字便家喻戶曉、如雷貫耳，不僅僅出現在《人物》雜誌的封面上，更牢牢銘記在無數觀眾的心裡，它不再是個簡簡單單的名字，而是代表一個人物。

從「人名」到「人物」需要走多遠，也許很多人心裡都想過這個問題。過去人們常講的「光宗耀祖」、「出人頭地」、「光耀門楣」，其實都是在說要成為一個「人物」。

那麼如何才能達到這一轉變呢？我們不妨用歐普拉作為例子來分析，歐普拉身上有很多標籤，例如「脫口秀女王」、「第一位黑人女性百萬富翁」、「美國人的心靈女王」、「媒體女王」等等，那麼究竟是哪一個特徵讓歐普拉的名字從「人名」上升到「人物」呢？仔細想想可以發現，歐普拉之所以被人們看做是「人物」，不是因為她今天的財富有多少、地位有多高，而是在於她從一個普通黑人小女孩到今天的媒體女王的巨變，在於她不僅成功地改變了自己的命運，也深深地影響了無數美國人的心靈和生活。

這才是「人物」真正的含義。

換個角度看，人生更美好

歐普拉曾經有過出版一本自傳的念頭，把童年那些悲慘、令人震驚的遭遇講述出來，以便讓加深大家對她的瞭解。但是經驗老道的出版商告訴歐普拉，不是人人都有必要知道她那些不堪的過往。很多名人出版傳記時，把自己的陰暗經歷印成白紙黑字之後，都會很後悔。

但歐普拉的看法卻不一樣，她不覺得以往受到的創傷是負面事情，當童年懷孕的事情被曝光之後，她並沒受到人們的鄙視，反而獲得同情的友誼，這讓她相信人性是良善的，生活始終是美好的。

現代人的生活壓力太大，要活得開心並不容易。開心過一天，不開心也過一天，何不開開心心的過一天？開心和幸福一樣，都是一種感覺，關鍵是調整自己的心態！有時候，我們面對負面的事情太多，影響我們的情緒。當我們面對不好的事情，產生消極情緒的時候，換個角度看問題往往使我們兩全其美。有時候，換個角度去思考，你會覺得心情舒坦很多！

正面或者負面都只是人們看問題的角度而已，並不是絕對的，那些乍看起來並不光彩的事情未必不是生命中的養分。酸甜苦辣鹹，每一種都是人生的真味，沒有好壞之分。一樣的事情，可以選擇不同的態度對待。選擇積極的方面，並作出積極努力，就一定會看到前方的風景。

有兩個小木桶一同被吊在井口上。A對B說：「你看起來似乎悶悶不樂，有什麼不愉快的事嗎？」B回答：「我常常在想，這真是白費工夫，沒什麼意思。常常是這樣，裝得滿滿地上去，又空著下來。」但A卻說：「我倒不覺得如此。我一直這樣想：我們空空地下來，裝得滿滿地上去！」

我們大多數人就像這兩隻小木桶，大家過的生活都差不多，沒有誰比誰更不幸、更辛苦，但有些人整天愁眉苦臉，有些人樂呵呵過一天，不同的只是看待人生的方式。

人這一生稍縱即逝，何必為難自己呢，只要你肯換個角度去看，人生一定會找到美好之處。

沒有什麼能把一個人毀了，除非你自願

歐普拉十九歲的叔叔在她母親的公寓裡強暴了她。那時她根本不明白發生了什麼事情。那個叔叔讓她別告訴別人，條件是為她買了一枝冰淇淋並帶她上動物園玩一次。在接下來的五年當中，歐普拉受到了無休止的騷擾，受到許多男性的虐待，包括她母親的男朋友和她的親戚。

誰也沒有想到，歐普拉日後會成為名嘴、成為富翁，她用自己的故事告訴所有人，沒有什麼事情能把她的一生毀了，她才是自己人生的主人。

一個人的內心就是這個人真正的主人，如果你不去駕馭生命，那麼你就會被生命駕馭，而你的內心將決定誰是坐騎，誰是騎師。不被傷害打敗的辦法，就是用內心的力量面對它。我們常說「知錯就改」，在承認自己的錯誤才能有進步。同樣地，只有不逃避，不抱怨，才能從傷害中攫取更有價值的東西，才能更好地走下去。

許多心靈脆弱的人，一旦遭遇不幸便無心學習也無心工作，懶得收拾房間也懶得整理自己，要知道，這世上沒有誰有義務來解救你，如果你自己都不在乎自己，等於親手把自己毀掉。無論如何都要學著幫自己療傷，哪怕時間很長，但是別無他法。

身體受了傷，放著不管的話，嚴重時可能會流血而死；心靈受到了傷害，只一味等待別人的安慰和時間的沖刷，即使表面上癒合

了，只要一想起來，還是會痛苦不平。所以最好的辦法是讓自己堅強，努力去縫合那些苦難。

有一種類似於「以毒攻毒」的療法。簡單來說，就是面對那些傷害及其帶來的後果，不懼怕提起它，審視它。既然這些傷害在我們內心形成陰影，那麼，就尋找一種更強大的力量來壓制它。這力量可以是寬容，也可以是把挫折當做教訓。更強大者，會用自己的經歷去感染別人，讓更多的人免於遭受和自己一樣的苦難。

誠實面對自己是需要勇氣的。若能坦然面對自己，敞開心房，儘管過程是無比艱辛與難熬，然而突破後卻是海闊天空，很多問題都會呼之欲出，困難也跟著迎刃而解。當你對未來無所畏懼的時候，勇氣會帶著自己朝向改變的道路，不再害怕的時候，心胸則寬大無邊際，思想也就跟著跳躍，自然也就會採取行動來改善遇到的困境與難題。

改變思維，希望就在轉角處

電影《摯愛》票房慘敗之後，歐普拉不再對電影夢那麼執著，她開始著手創作新的電視節目，思緒也變得豁然開朗。她開闢了名為《改變生活》的新節目。她還以一首古老的聖歌為基礎，創作了一首新的主題曲，由她本人演唱：「我相信自己會繼續奔跑，直到看到未來……加油，和我一起奔跑吧。哦！哦！哦！歐普拉！」

歐普拉請到新的時代嚮導，例如美國兩性心理學暢銷書《男人來自火星，女人來自金星》（Men Are from Mars, Women Are from Venus）的作者約翰•格雷（John Grey）對觀眾進行引導，教導他們「認清自己內心真正的渴望，為生活制定目標。」

並不是所有人都懂得「轉個彎就看得見希望」的道理，有的人即使走得不順利甚至屢遭失敗也要堅持，卻全然不管那條路自己是否能夠適應，是否能夠走得出色。要全力以赴，要堅持不放棄，要認準目標就不回頭……這些聽起來非常勵志的話，確實讓人熱血沸騰。但是僅僅做到這些是不夠的。

有一幅畫，畫中有一條小溪流，一群魚兒都在爭先恐後地向著一個方向游，只有一條魚比較特別，牠往相反的方向游，畫的題目叫《換個方向你就是第一》。這幅畫反映出了一種反向思維的智慧，既然在某個方向上不能取得第一，那麼就換個方向，展示出與眾不同的優勢，你就能夠成為勝者。

「憤怒鳥」（Angry Birds）遊戲在最近這幾年裡迅速竄起，紅遍全世界，就連夜市裡都到處可見憤怒鳥的布偶，創作這套遊戲的公司 Rovio Mobile 更是一名爆紅。這家成立不到十年的公司，一直以遊戲代工為主業，西元二〇〇九年陷入經營危機，大舉裁員到只剩十二人，於是他們嘗試開發 iPhone 平臺的遊戲，而這個新嘗試讓他們從此谷底翻身。

那些搶先到達成功最高點的人，並不一定是跑得最快的，而是因為他們選對了路。當某件事的進展受阻時，請先暫停一下，看看這是不是最明智的選擇。如果發現更好的方向，就果斷掉頭。這並不是逃避困難，而是打通另一條運河，讓希望之水從更短的距離潺潺湧入。

從經歷中汲取經驗，讓生活更有意義

歐普拉曾經和有婦之夫瓦特（Watt）有過一段戀情，她經常在電視上稱瓦特為「混蛋」，說自己因為他變得墮落。「當時我墜入了愛河；那是一種執迷」，歐普拉說，「那時候我屬於那種女人，認為缺少了男人生活就變得一文不值……他愈是回絕我，我就愈想得到他。我感到非常筋疲力盡、無能為力……沒有比遭人拒絕更糟糕的事了。有時候我甚至希望他死掉算了，因為至少那樣我能去他墳前祭拜他……。我跪在地板上，哭得很傷心，眼睛都腫了」事後二十年，她還總是提起瓦特，仍然無法從過往中釋懷。

直到許多年之後，歐普拉對於早年的事情終於釋懷了，甚至認為正是那樣的經歷造就了現在的自己。她也曾經想把自己的那些經歷永遠埋葬，因為那是那麼的不幸，那麼的恥辱，剝奪了她的快樂，但她現在不這樣想了。

歐普拉認為一個人不應該局限在過去的事情中。她本人早年的經歷教會了她這種人生哲學，她說自己從未計算過付出多少努力，得到了多少回報；那些傷害使得她更加深刻的理解其他人所必須面對的問題。歐普拉說：「我的經歷應該是給予人們力量，使生活更加有意義。」

每個人都不可避免的要承擔生活的苦。一味怨恨是可悲的。苦難不是不幸的情報員，恰恰相反，它往往是通往幸福的敲門磚。雖然可能會承受精神上的折磨，一股刺痛擾得你找不到心理上的平衡，看不到前方的路途，然而，正是因為經歷了這些，你才開始成長，你才開始知道怎樣生活。

傷痛，讓曾經遇到它的人「一夜之間」長大，其實每個人的一生，必然是各種滋味夾雜的，成長的路上，不管走得順與不順，每一步都是必須的。所謂失敗、挫折並不可怕，正是他們才教會我們如何尋找到經驗與教訓。如果一路都是坦途，那最後難免就會淪為平庸。

只有歷經折磨，才能夠歷練出成熟與美麗，抹平歲月給予我們的皺紋，讓心靈保持年輕和平靜，讓我們得到成長和成功。所以，每一個不放棄自己的人，每一個勇於追求幸福的人，都該感謝折磨過自己的人，唯有以這種態度面對人生，我們的生活才會洋溢著更多的歡笑和陽光，世界在我們眼裡才會更加美麗動人。

過去已然過去，人們只在乎你的現在

歐普拉同父異母的妹妹曾向小報爆料她十四歲懷孕生孩子的事情，事後歐普拉說：「自從我妹妹將我十四歲時懷孕的事情賣給小報後，我本來想，大街上的每個人都會用手指著我，大喊，十四歲就懷孕，你這個道德敗壞的女孩……但是沒有人說出任何指責的話來，陌生人沒有，我認識的人更沒有。我很震驚，沒有人因此而輕蔑我。」

比起歐普拉過去的種種事情，人們更在乎的是她的現在，是「媒體女王」當下以及未來的表現。畢竟，每個人都有那麼幾分難堪的過往，誰又沒有不可告人的故事呢？何況那些事情並不完全是歐普拉的錯，她才是真正的受害者。歐普拉能夠從那些痛苦的記憶中走出來，本身就是一件令人欽佩的事情。

過去的事情已經無法改變，只有當下和未來才能掌握。不管過去發生了什麼，是大悲還是大喜，是時光的激蕩抑或歲月的捉弄，都已然成為可被訴說卻不易追回的過往，我們只能當做經驗來總結，而不能作為繩索將自己捆綁。

人生就像爬山，我們如果總是向後張望前一小時走了多少路，前半小時翻過了幾道嶺，那麼爬山不僅不會成為一件有益於身心的快樂運動，反而會成為一段痛苦煎熬的過程。爬到最後，你欣賞到的恐怕不是山頂上瑰麗的風景，而是自己沉重的喘息和疲倦的心靈。

就像民國初年的哲學大師牟宗三先生說的：「人生重在眺望，而非回望」。這種眺望是面對人生的根本表現，過去已成煙雲，此刻才是最重要的。努力前行，兩邊風景依次展現，足跡留在身後，而眼睛駐留前方，唯有如此，才有辦法海闊憑魚躍，天高任鳥飛。

用過電腦的人都知道，「垃圾桶」是需要常常清空的，否則會佔用太多記憶體，影響電腦運轉的速度。人的頭腦也是，你不能什麼都清掉，但也不能什麼都留著。聰明的人是善於取捨，是適於取捨的人，生命的難度正在於此，你必須不斷清掃和放棄一些東西，因為「生命裡填塞的東西愈少，愈能發揮潛能」。

剪去舊枝，新芽才能盛開，釋懷過去方能享受當下。

方向對了，努力才不會白費

雖然嗓音甜美，口才便給，但歐普拉在寫作上大有問題，有一回電視臺早上不得不將五分鐘的插入字幕縮短到兩分鐘，因為她沒能完成應有的篇幅長度。歐普拉說：「克里斯那天把我開除了都不為過。」

不過，雖然如此，克拉克看重的是歐普拉其他方面的天賦。他回憶說：「她待人很好。這就是她作為記者的缺陷，因為未能法冷靜下來。電視臺派她去報導火災，結果她一回來就開始打電話，想為受災的家庭爭取救援，而不是掌握時間準備新聞稿子。」

歐普拉自己也說，「我從來不先讀新聞，這件事讓新聞導播很生氣。我在唸的時候，會突然脫口而出，『哇，太可怕了！』我所有的反應都是真實的。」

「因此，對我來說，突然間成為『新聞播報小姐』，要表現無動於衷，這是很困難的……你站在空難現場，聞著燒焦的屍體，人們都來找親戚是否在失事的飛機裡。這些人在哭，你也會跟著哭，因為這是很悲慘的事。」

很顯然，歐普拉無法做個專業冷靜的新聞主播。

歐普拉的確很想做好新聞記者的工作，畢竟這份工作來之不易，但她不擅長寫作、敏感而又衝動的特點讓她倍感吃力，如果她一直繼續做下去，恐怕即使她再努力，也不會取得什麼大的成就。在轉向脫口秀節目之後，歐普拉才又振奮起來，她感到自己找到了真正適合自己的方向，於是滿懷信心地大踏步往前走。

要全力以赴，要堅持不放棄，要認準目標就不回頭……這些聽起來非常勵志的話，確實容易讓人熱血沸騰。但是僅僅做到這些是不夠的。如果不能理性思考，不知道該在哪裡轉彎，哪裡直行，不知道真正重要的是什麼，只能看到眼前的小利益，那麼還是可能一無所獲。

美國有一位教授曾經做過一個有趣的實驗：把一些蜜蜂和蒼蠅同時放進一隻玻璃瓶內，使瓶底對準光亮處，瓶口對著暗處。結果，那些蜜蜂拼命地朝著光亮處掙扎，最終氣力衰竭而死，而亂竄的蒼蠅竟都逃出細口瓶頸逃生。

人生總是面臨著困惑，很多時候總是在朝著一個方向努力地走，儘管很努力，但最終依然逃脫不了失敗者的命運。所以，有時候，不妨停下前進的腳步，看看自己努力的方向是否選擇正確了。

其實很多時候，「往哪個方向走」比起「一路向前不要放棄」重要得多了。

你不能選擇出身，但能選擇勇敢

歐普拉的幼年一直到二十出頭都是在美國南方的兩個州——密西西比和田納西度過的，此外還在密爾瓦基（Milwaukee）待過幾年，只是生活不大如意。

歐普拉的生命裡有那麼一段時光是由一連串偶然組成的。她是個私生子，母親維妮塔•李生下她時只有十八歲，聲稱是一個叫維農•溫佛瑞（Vernon Winfrey）的年輕人讓她懷孕。有時她又說，自己並不確定哪一個才是孩子她爸。然而，歐普拉說：「我生身在一個沒有水電的屋子裡，沒有人知道我的一生除了在工廠或密西西比的棉花田裡工作之外，還會有什麼成就。我深深感覺我的一生就是要證明給大家看，讓人們知道事有可為。」

歐普拉從來不相信命運，從來不屈從與自己的膚色和出身，由始至終她都只認同一件事：信自己，靠自己。她相信自己是自己最好的救星，她想要什麼就努力爭取。

即使相信命運的人，也該明白命運仿佛是已鋪好的道路，但選擇權仍在於人的本身，就好像開車一樣，走到分叉路口時必須作出抉擇。其實，命運是掌握在我們自己手裡的，「命中注定」只是無能的人為自己找的藉口。

《乞丐囝仔》一書的作者賴東進，生長於一個赤貧的家庭。父親全盲又是個乞丐，母親和大弟重度智障，家中又有十二個小孩，身為長子的他負起相當大的責任。賴東進小小年紀，就跟著父親在外向人乞討，連寒冷的冬天，也要硬著頭皮一家一家去敲門討飯回來餵飽家人，為此常常受到外人的侮辱和取笑，但他卻不因此而看輕自己。遇到困境，他有好幾次都因為沮喪而想自殺、逃離家庭；但想到姊姊為家人出賣身體所作的犧牲，就把所有的痛苦和悲傷的心情，全部壓抑下來。賴東進備嘗艱辛的成長歷程，終於能被大家肯定，成為人人敬佩的傑出青年，並且獲頒為中華民國十大傑出青年。

其實活著就像在跳舞。只要有了創造幸福、改寫命運的渴望和信念，就一定能夠戰勝困難，在不斷的躍動中走向生命的巔峰。一支舞蹈可以有無數種內涵，一個生命也有無數種可能。你想舞出什麼樣的節奏就努力舞動，你想要什麼就努力爭取。

生活最初賜予了你什麼並不重要，重要的是，你選擇接納這些賜予，還是選擇利用。

黑色的氣球也會升空，因為裡面有成功的勇氣

從小到大，歐普拉對她的膚色一直耿耿於懷，她把黑人按膚色深淺分成了黑巧克力、薑餅和香草冰淇淋三種，並說自己是「黑巧克力」，也就是膚色最黑的那一類。當她看到那些白人富裕悠閒的生活時，心裡便更加難過。

面對天生下來的「特徵」，如果歐普拉就此認為自己與成功和富貴無緣，那麼也就不可能有後來大名鼎鼎的《歐普拉·溫佛瑞秀》，更不用提「媒體女王」了。歐普拉與其他黑人小女孩的區別就在於，她相信「黑巧克力」也可以成功、可以成為名人、可以成為富翁，成功的大門對任何人都是敞開的。

在美國紐約，有一位賣糖果的小販，每當生意欠佳的時候，他就會放一些五顏六色、各式各樣的氣球升空，來吸引小朋友買糖。孩子們往往看到那些紅的、白的、黃的以及黑的氣球升空，都感到十分興奮，紛紛鼓掌叫好。有一個黑人小孩站在一旁，眼睛望著氣球，心中覺得很納悶，於是他就走過去問小販：「叔叔，為什麼黑色氣球跟其他顏色的氣球一樣也會升空呢？」小販不懂他的意思，就反問他說：「孩子，你為什麼要問這個問題？」黑人小孩回答說：「因為從小在我的印象裡，黑人就是窮、髒、亂、苦和無知。我看

到白種人，黃種人甚至印第安人飛黃騰達、成功致富，過著令人羨慕的生活，可是我從來就沒有看到一位黑人出人頭地。我原來就不相信黑色氣球也會升空的。真的，我剛才看到了，它也能升空，所以我想來問問你。」

小販瞭解他的意思，於是告訴他：「孩子，黑色氣球跟其他顏色的氣球一樣也會升空，氣球能不能升空，並不在於顏色，而是氣球內部是否充滿了氣體，只要充滿了氣，不管什麼顏色的氣球都會升空。」後來，有一位黑人牧師費斯·傑克森，在三個月的時間內募得五百萬美元，創建一座專門醫治重症嬰幼兒的醫院。他募款的速度與執行的能力，在全美教會界引發相當大的矚目與讚許。當記者問他是憑藉著何種能力，可以完成此一近乎不可能的任務時，他只微微一笑的說：「因為我相信我自己。」，而他，就是那位買氣球的黑人小孩。

一個人能不能成功跟他的膚色、性別、國籍、種族都沒有關係，端看他的內在是不是裝滿了獲取成功的智慧和勇氣。

外表不漂亮，那就讓業績漂亮

來到芝加哥後，歐普拉的整個身心都得到了釋放，無拘無束地享受著脫口秀節目界激烈的競爭。在這之前，芝加哥的觀眾從沒見過這麼胖的黑人女主持人，令看到她的觀眾們驚訝不已。

歐普拉充滿禁忌的節目也獲得了很高的收視率。她從不懷疑自己的能力，滿懷自信，一點都不懼怕唐納修這位脫口秀天王。當歐普拉節目的收視率第一次打敗電視脫口秀之王唐納修時，她覺得勝利的滋味真是太甜蜜了。她說：「我愛唐納修，但我必須承認贏過他的感覺真棒。從我踏入這個行業多年以來，就一直聽人家說：『你很不錯，不過還沒有唐納修那麼好』。」

在唐納修的面前，歐普拉完全是個初出茅廬的新人，要去芝加哥和這位談話節目的「權威」搶地盤，的確需要很大的智慧和勇氣。但歐普拉並沒有被他的頭銜嚇倒，她堅信自己的魅力和能力，堅信自己與眾不同的特色。

我們每個人也都需要這種不畏挑戰權威的精神，對明天充滿嚮往和期待並願意為之努力。即使是在別人不看好，甚至更糟糕的環境下，也不能減少熱情，絕不畏手畏腳。生命是自己的，想活得積極而有意義，就要勇敢地挑起生命中的重大責任。向高難度挑戰，這是對自己生命的提升，也是讓人生價值最大化的一個快捷途徑。

當一個人對明天充滿期待時，無論路多麼坎坷，腳步卻是輕鬆而又從容的。在追求夢想的征途中，我們不可能一蹴而就，只要以一種充滿期待的心情去對待它，追求夢想的過程就是充實而有意義的。

史提芬・威廉・霍金（Stephen William Hawking），是當代最傑出的科學家之一。他提出了宇宙大爆炸的奇點定理，又結合量子力學和廣義相對論，提出黑洞幅射的學說，被譽為繼愛因斯坦後其中一位最傑出的理論物理學家。他出版的《時間簡史》，是全球最暢銷的科普著作之一。近年來，他更是對傳統宗教信仰提出了挑戰，他提出宇宙不是由上帝創造，而是在物理定律作用下，引發大爆炸而形成。

霍金同時是一位肌肉萎縮症的患者，全身癱瘓，甚至喪失說話能力，要靠電腦和語音合成器發聲。霍金非凡的科學成就和嚴重的殘障，以及他對科學及宗教權威無所畏懼的挑戰，使他成為了學術界的一位傳奇人物。

挑戰就是最好的保養品，熱愛奮鬥的人才會生機勃勃、永保青春活力。

自己創造的事業最輝煌

歐普拉是美國《時代》雜誌評選出的「二十世紀最具影響力的百位名人」之一，也是第一個登上《富比士》（Fobes）富豪榜的黑人女性。美國《浮華世界》（Vanity Fair）雜誌曾這樣評價歐普拉：「在大眾文化中，她的影響力，可能除了教皇以外，比任何大學教授、政治家或者宗教領袖都來得大。」

幾十年過去了，歐普拉的名字在媒體界，從火熱到成為經典，直到今天，已經成為一座讓人難以忘懷的里程碑，使她的競爭對手望塵莫及。歐普拉具備許多無形的資產，她的領導力和掌控力，讓她從「看起來像個成功者和領導者」，到「事業真的為她敞開幸運的大門，讓她脫穎而出。」

其實，我們不用羨慕歐普拉，每個人都是一株獨立的植物，都有自己的風格與特色，有自己的鮮花碩果和足下的一方土地。每個人都是世界上獨一無二的，別人完全沒有辦法完全複製。一個人，最重要的是要有自己的特色，清純率真也好，樸實木訥也罷，只要釋放了你的本色，你就能擁有專屬的美麗，進而擁有真正的影響力。

在史丹佛大學畢業典禮的演說中，已故的蘋果集團總裁賈伯斯（Steve Jobs）曾這樣說過，「三十歲時被炒魷魚，是我經歷過最美好的事，放下成功的沈重，取而代之的是重生的輕鬆，每件事都不再那麼充滿自信，這解放了我，讓我進入這輩子最有創意的階段。」

之後，賈伯斯重新回到他曾經一手創辦的蘋果電腦公司，砍掉那些亂七八糟的產品線後，他全神貫注在 iMac 的研發，企圖發展出一部「看起來不是電腦的電腦（What's not a computer），因為他自認為「活著是為了改變世界」。後來，蘋果集團的每一個全新產品出現，都像是一場電腦產品的革命，讓賈伯斯擁有「先知」的美喻。

所以有些時候，我們沒有必要追尋偶像，也不要過度模仿偶像，要成為你自己。要相信自我才是影響力的根源，相信真正能主宰自己命運的人，不是別人而是我們自己。當你相信自己能夠改變命運時，便會慢慢地移動步伐，一步步地實現心中的願望，實現現每一項「不可能的任務」。

脫離對偶像的依賴，獨立發展和戰勝自己，能夠教會你從自身中汲取動力。在這種動力的激發下，你能夠喚起自己奮發向上的激情，煥發獨一無二的魅力，擁有更大的影響力。

有些事，忘記比記得好

西元一九六九年二月八日的晚上，歐普拉過完十四歲生日後幾天在瑪哈利醫學院（Meharry Medical College）生下一個男嬰。孩子的出生證明上歐普拉的名字是奧普拉•蓋爾•李（Oprah Gale Lee）。因為早產，孩子一生下來就病了，被放在保溫箱裡。歐普拉只在醫院待了兩天，內心亂糟糟的，沒去看過自己的孩子。那個嬰兒一個月零八天就夭折了，遺體捐給了瑪雅醫學院。

歐普拉的父親維農說：「我不知道孩子夭折後發生了什麼，也不知道他們怎麼處理他的小身體——是用在實驗還是別的。我們努力不再提到孩子這件事，在家裡都不提。沒有舉行葬禮，也沒有死亡通知。」

或許對於歐普拉來說，生存的代價在於遺忘，為了開始新的生活，她只能選擇忘記這段不幸的經歷，否則自己就會陷入悲傷和痛苦中無法自拔。也許這看起來有些冷漠，但對於當時的歐普拉來說是最明智的做法，畢竟事情已經發生了，而且無法彌補。

回憶是人類的本能，不管過去的東西是好是壞，總會不由自主的翻開記憶的相冊再去體會一遍，跟隨當時的自己歡笑和流淚。可是不要忘記，上天賜給我們許多寶貴的禮物，其中之一即是「遺忘」。只是我們過度強調「記憶」的好處，反而忽略了「遺忘」的功能與必要性。

著名作家三毛曾說：「我苛刻地對待往事，這使人不必緬懷太多過去。我很少開口求人，這使我自由。我小心地去關愛他人，這使情緒不流於氾濫。」過去無論多麼美好或遺憾，我們都該嘗試和它道別，否則憂慮的情緒就會爬滿你的身體，讓你喘不過氣來。

適時地遺忘是多麼重要，然而想要遺忘，卻不是想像中那麼容易。遺忘是需要時間的，只不過，如果你連「想要遺忘」的意願都沒有，那麼，時間再長也無濟於事。不論是任何人，相信在他心中都有著一些期待忘掉卻難以丟掉的記憶，令人痛苦的是，它常常在不經意的時候偷偷闖入每一個人的心中，或是趁著人們脆弱時來打擾，使人傷心不已，卻又不知道如何擺脫。然而，人生的旅途如此漫長，畢竟有些事誰記得誰痛苦，還是忘了比較好。所以，請試著學習如何遺忘不愉快，讓自己親手去埋葬痛苦的記憶，相信縱使某天忽然想起，也可以使自己以輕鬆的心情去面對。

困境只能擊退我，無法打敗我

歐普拉親自指導拍攝的影片《摯愛》發行六週之後，不得不宣佈賠錢，票房收入遠遠落後於所有人的預期。最終，《摯愛》製作與宣傳費用總計八千三百萬美元，全美票房收入只有二千二百八十四・三〇四七萬美元。歐普拉的電影夢破滅了。

她非常消沉，「我很痛苦，也很不解。我被人們的反應震驚了……一直以來我都很清楚人們在想什麼，從來沒出過錯。這是第一次，我一生以來第一次……我感覺受到了摒棄，公眾的摒棄……。」她發誓「我再也不會拍攝關於奴隸制度的任何電影了」，也不會再「以這種形式和種族問題沾上邊了」。

逆境是一所最好的學校。每一次失敗，每一次打擊，每一次損失，都孕育著成功的萌芽，讓我們在下一次表現中更出色。教訓是來自苦難的菁華，生活中最可怕的事情是不斷重複同樣的錯誤，每個人都要避免發生這樣的事情。逆境往往是通向真理的重要路徑。為了改變處境，我們要隨時準備學習所需要的一切知識。而失敗，是走上更高地位的開始。

失敗為成功創造了機會，當你再度回到起點時，謹慎為之，並將注意力集中在過程上。利用這個方法，可以使自己得到訓練，當你再次出發時，就能有長足的進步。所以，縱使失敗也不必氣餒，請永遠保持昂首挺胸的姿態。

歐普拉在經歷《摯愛》的慘敗之後，看待事物的方法也改變了不少。她相信這部電影把她帶到了一個新高度。「它改變了我的生活」，她告訴製片人，她覺得改變人們的生活是自己義不容辭的責任，「我想為人們的生活帶來意義。」

困難和失敗不可怕，成功也並不像想像中那麼難。很多時候，最可怕的是我們心中對於失敗的畏懼，正是因為畏懼失敗和逃避困難，才讓我們沉不住氣，喪失了進取的勇氣和熱情，因而失去了本可以獲得的成功。成功者與失敗者之間，最大的差異就在於意志的力量，即成功到來之前再多堅持一會兒的決心。任何人的成功都絕非偶然，那些在成功路上沉得住氣，能堅持到底的人，必然能成功到達目的地。

那些不經風雨的人，平平靜靜地生活，就像溫水沏的淡茶平靜地懸浮著，彌漫不出生命和智慧的清香。而那些櫛風沐雨、飽經滄桑的人，歷經坎坷和不幸一次又一次的襲擊，就像被沸水沏了一次又一次的茶，在風風雨雨的歲月中沉沉浮浮，溢出了生命的一脈清香。

從前的磨難最終會成為營養

歐普拉的母親維妮塔．李已經去世了，對於她的所作所為，歐普拉深感痛楚。但失去了親生母親之後，歐普拉卻開始感激她了。歐普拉清楚，她從母親那裡得不到無私的母愛，這才激勵她不斷努力去獲得別人的稱讚，取得今日的成就。

「要是我母親當初沒有管教我的話，我現在就會有麻煩了。」歐普拉說，「我很可能會光著腳丫，懷有身孕，等到二十歲的時候至少已經生了三個孩子。這毫無疑問。我也會養成貧民窟人們的思維，總是等著別人給自己幫點什麼忙。」

在這之前，歐普拉一直認為母親對她的種種「惡行」是上天對她的不公，然而當母親去世後，她才猛然發現，母親的所作所為間接培養了她那種想要改變命運、渴望成功的精神，從前的磨難彷彿在一瞬間變成了孕育生命的營養。

雖然人們大多數都喜歡嘗甜頭，不喜歡吃苦。但是，人生酸甜苦辣，百味雜陳，都需要去品嘗，去經歷，去感受。不論是喜甜，還是愛酸，或是好辣，這些都是人生本味，如果想要創造未來，耕耘前途，發展事業，收獲成功，但是又想只吃甜，不吃苦，那就不容易有所作為了。

有哲人說過：「生命中的每個苦難、每個傷痛、每個打擊，都有他的意義。」的確是這樣，人們不經過風霜苦寒，哪裡知道溫暖平安的珍貴；如果不能深切認知人生苦短，哪裡懂得人生必須要勤學苦練？所以，磨難是人們的一種特殊的營養品。

一百多年前，全世界都還沒有電燈，也沒有馬達的時候，法拉第發明了全世界第一部發電機，為人類開發了一個永不枯竭的金礦。電學之父法拉第（Michael Faraday）只有小學畢業，是世界偉人中少數沒有顯赫學歷，全靠自修成功的人。他成名前，因為學歷低，常常被別人看不起。他在當實驗室助理的時候，常常要為其他人料理雜務，並兼作被呼來喝去的僕人。他在日記中寫道：「苦難竟是化了妝的祝福。人生在一連串不完美中，最後總是完美。」後來，他發明電解定律，從此改變人類的生活。

沒有過去，如何能遇見未來？我們在那些傷害中流淚，成長，逐漸變得堅強、聰慧。等到足夠成熟的時候，再回憶起當初的那些掙扎，會發現，當初留下的傷痕，現在已經變成了勳章，證明著我們的成長和勇氣。

感謝那些傷害我的人，他們使我更茁壯

歐普拉曾經想出一本自傳，儘管這本書沒有出版，如果出版發行了的話，用歐普拉的話來說，這會是「一本關於如何對自己人生中的成功積極負責的書」。

「我的人生是一個非常美妙驚奇的人生。」歐普拉說：「我是帶著不被人愛的感覺長大的，而這正是為什麼我覺得能夠每天對兩千萬觀眾講話，特別受上天眷顧。」

過去的傷痛往往讓日後的幸福變得更加深刻更加驚喜，來之不易的幸福才會倍感珍惜。比起那些從小生活在「溫室」裡的孩子，歐普拉更加明白生活的艱辛和奮鬥的意義，從前那個沒人愛的黑人小女孩，如今站在全國的電視觀眾面前侃侃而談，她內心一定比別人更多了幾分感慨、驕傲和感恩。

比起歐普拉，我們很多人則是身在福中不知福，從小過慣了平順的生活，學習不努力，工作不勤奮，只會怨父母、怨社會。難怪現在很多人提倡讓小孩過「苦日子」，不知道過去的苦，怎會懂得今天的甜。

歐普拉正是懷著這樣一顆感恩的心，倍加珍惜今天的工作機會、倍加珍惜那些喜愛她的觀眾，不斷在工作上努力付出，終於鑄就輝

煌。或許我們的每一份工作或每一個工作環境都無法盡善盡美。但每一份工作中都存有許多寶貴的經驗和資源，如失敗的沮喪、自我成長的喜悅、溫馨的工作夥伴、值得感謝的客戶等，這些都是工作成功必須學習的感受和必須具備的財富。如果你能每天懷著一顆感恩的心情去工作，始終牢記「擁有一份工作，就要懂得感恩」的道理，你一定會有許多收獲。

羅患遺傳性類風濕關節炎的豐田詔子，一生下來就與眾不同，她四肢嚴重萎縮，身高只有九十六公分，左右兩腿長度相差了五公分。成長過程中，除了病痛帶來的折磨，詔子更無法避免世人投予異樣的眼光。對於逆境，心存感激的詔子沒有被病魔打敗，事業也展現優異成就。詔子說，「教我人生道理的不只有老師，而是學生時代欺負我的那些人、拒載我的計程車司機，不肯對我伸出援手的路人等等，這一切都是為了成就今天的我，我對他們都心存感謝。」

人生軌跡中會相遇兩種人，一種人是幫助你的人，另一種人是傷害你的人，對於幫助你的人要懷有感恩之心，對於傷害你的人同樣要懷有感謝之情。因為他們的傷害才讓我們堅強起來，逆境中能磨煉人的意志，讓人變得更加堅強，於是我們痛過後更加珍惜現在所擁有的一切，加倍努力完成自己心中的目標。

如果能帶著一種從容坦然、喜悅的感恩心情工作，就會獲取更大的成功。

不要因為別人的錯誤，懲罰自己

對於自己過去受到過的種種傷害，歐普拉曾經一度諱莫如深。後來她說，「我不停地提醒自己，要吸取教訓……我知道我還有其他的經驗教訓值得反思學習，但是我學到的第一個教訓卻是，我對那些自己遭受的虐待沒有任何責任，而且我必須擺脫過去一直以來背負的羞愧和恥辱。」

在很長一段時間裡，歐普拉和大部分受到性侵害的受害者一樣，不但由於受到這樣的對待而感到丟臉，最痛苦的是遭到別人的懷疑，承受著巨大的心理負擔。有些家庭成員可能會串通一氣將某個沒被保護好的孩子所受的傷害怪罪到家人身上，大多數家庭都沒辦法承擔和不願意面對這樣的事實，不管是有意的還是無意的。

多年後歐普拉終於醒悟，這些「可恥的祕密」其實並不可恥，所有受到性侵害的孩子都是受害者，他們沒有必要感到羞愧，反而應該得到更多的關心和愛護。她終於走出了自己的心囚，一切豁然開朗，於是她決定幫助更多的人走出來。

歐普拉做了許多關於性騷擾的節目，發起兒童保護法案，建立兒童性侵害者資料庫等等，這一切都是為了讓更多的受害者能夠正視自己的遭遇，放下心中的羞愧。

自責是所有憂鬱的來源，當人遇到逆境時總會有所反省，如果一直停留在自責之中，認為自己總是做得不好或是該為什麼事負責時，就無法走出困境，從這件事獲得真正的反省。哲學家尼采說：「受苦的人沒有悲觀的權利」，如果我們已經碰到逆境，與其在那邊責怪自己或他人，只會使傷口愈扯愈大，一點意思都沒有，重要的是要趕快找出自己的復原力，讓這些逆境至少還有一點正面的意義，讓我們重新認識自己，肯定自己。

有句話說得很好：「不要因為別人的錯誤而懲罰自己」，很多事情都不是你的錯，沒必要給自己戴上心的枷鎖，你值得擁有更好的生活。有位哲人說：「人生是一條佈滿狗屎的道路，你永遠也不知道哪天你會踩到哪一坨！」確實如此，走在人生這條路，人難免會遭遇失敗、挫折，也難免碰上一些讓人氣憤不已的人、讓人大罵Shit!的狗屁倒灶事。不過，踩到「狗屎」，其實沒有那麼糟，不要讓一時的不如意變成自己的心靈魔咒。愈不如意，就愈要鼓舞自己，才能幫自己從生活的泥沼中走出來。

踩到「狗屎」絕對不是自己的錯，你唯一要做的就是把那些「狗屎」拋在腦後。

PART 05

愛情不是一切，愛才是

我的世界裡，愛情不是主旋律

歐普拉和葛藍姆在一起同居長達二十年，但一直沒有結婚。在與葛藍姆正式交往前，歐普拉說過：「從現在起，我要為歐普拉而活，而不是為某個男人。……為什麼我該把我剩餘的生命浪費在擔心某個愚蠢的男人呢？如果他不喜歡我原來的樣子，他可以走得遠遠的。」

而在多年交往後，歐普拉說：「我們之間不是那種傳統的關係，婚姻則屬於傳統的東西，但事實是，他有他的生活和工作，我也有我的。我不可能為了任何人放棄現有的事業，我對自己的現狀很滿意。與維持一段婚姻關係相比，我更願意去尋求財富。婚姻對於我而言就是一味付出，犧牲自己，融入到這段感情當中，我目前還做不到這一點。」

小女人所崇尚的那一套讓婚姻幸福愛情甜蜜的理論在歐普拉身上都不適用。因為她生來就不是一個平庸的女人，而愛情可能會有一項讓人難以忽視的副作用是，它會讓優秀的女人喪失鬥志，變成沉迷在男人懷裡的小女人。

在歐普拉身上，這種事情不會發生。她阻止了愛情成為剝削她才華和夢想的劊子手，她享受愛情，但不沉迷於愛情。她支持婚姻，但那不一定會非得要做一個模範家庭主婦。歐普拉用她半生的經歷告訴女人一件事：愛情，不是人生的全部。沒有愛情我們一樣可以活得很好，甚至更好。

但這並不是說要我們極端的排斥愛情。愛情，可以大膽擁有，但要留七分精力給自己，愛自己。人們渴望愛情，追逐愛情，也最容易在愛情中迷失自己。人們渴望情人能夠能愛自己多一點，於是盡情地打扮著自己，留對方喜歡的髮型，做對方喜歡做的事，想盡辦法取悅對方，以為這樣就是愛的表現。但歐普拉從不這樣做，愛情只是生活中的點綴，真正的紅花是自己。

不要在戀愛中迷失自己，我們要學會對沒有營養的愛情說「不」。美好的愛情應該是互相遷就，互相包容，互相體諒，絕不是無條件的順從。

放棄自己去圓滿一段愛情，那是得不償失的事情。

結不結婚不重要，那只是另一種生活方式

歐普拉和葛藍姆最終成了生活伴侶。但他們同居長達二十多年之後仍然沒有正式結婚，雖然葛藍姆曾經向歐普拉求過婚。歐普拉告訴《菁英》（Essence）雜誌：「要是我們早就結婚了的話，現在不可能還在一起。我們倆之間的關係不是傳統的那種夫妻關係。婚姻是屬於傳統的東西……事實是，他有他的生活和工作……我也有我的生活和工作。這真的不好辦。」

抱著把那些指指點點、流言蜚語當做笑料的態度，歐普拉面帶笑容的對觀眾說：「如果我想結婚，我早就結了。」

雖然對於大多數女人來說，婚姻是自己最終的歸宿，但千萬不要忘了，結婚與否，都不過是一種生活方式，大多數女人選擇結婚只不過是因為她們覺得結婚是最適合她們的一種生活方式，如果不是，那麼自然可以選擇別的。

結婚不是目的，人生獲得快樂和滿足才是目的，正如歐普拉和葛藍姆，兩個人各有各的生活和工作，如果硬要組成家庭未必幸福，只要兩個人彼此相處得愉快，結不結婚都是次要了。如果有一天兩個人都覺得應該有個家，再結婚也無妨，何必強求呢。

如今離婚率愈來愈高，看來一紙婚約並不能保證什麼，想用婚

姻來拴住男人的女人可以死心了，最重要還是兩個人之間的感情，如果僅僅是因為缺乏安全感或者為了得到經濟支持而結婚，將來恐怕要得不償失。

當然，不是每個女人都像歐普拉那樣特別，婚姻始終是大多數女性的選擇，人人都渴望擁有幸福美滿的家庭生活，只是要記住一點，如果你們不適合結婚，那麼千萬不要強求。

過去，女人一生的成敗可能就是嫁的好不好，不只要找到好老公，也一定要找到好飯票才是保障。但現在不一樣了，現在的外遇、離婚率高，結了婚不代表能保障一輩子的幸福，女人大多數婚後也要繼續工作，找到飯票不一定可以養妳一輩子，飯票有時候還會不小心跳票。

現在的女人樂於工作，事業上有成就，比起過去更獨立自主，晚婚的女人愈來愈多。不一定要結婚也能過得自在快樂的女人也不少；但是最重要的一點就是，要有自信，過得開心。儘量選擇最適合自己的生活方式吧！

愛情不一定只有男才女貌

歐普拉的男友葛藍姆是個膚色很淺的非裔美男。歐普拉的同事都搞不懂，這樣一個帥哥怎麼會看上了他們「重量級」的女老闆呢？歐普拉自己也不否認同事們的疑惑。「他們認為，他長得那麼帥，如果不是個混蛋才和我交往，就是企圖從我這裡得到什麼。」歐普拉這樣說。

歐普拉說：「他非常帥氣。哦哦！那身材！所以我也有和他們同樣的想法。每次他打電話給我……我總在想，他肯定有毛病，我得弄清楚才行。」前幾次葛藍姆找歐普拉出來約會都被她拒絕了，一直到第三次，葛藍姆說以後不會再打電話給她了，歐普拉才下定決心和他約會。「我起先覺得他很笨，因為大家都說他多麼多麼好，而我習慣了受虐待。我不習慣有個男人對我這麼好。」

「他是我生命中出現過最好的男人。當我在他身邊時，愛就發出明亮的光芒。你聽過那句陳腔濫調『好男人打著燈籠都找不到』嗎？這句話說得一點也沒錯。你愈聰明，愈難找到好男人。史特曼就是我要的人。」歐普拉這樣說。

許多女人在愛情中都會和歐普拉當初一樣有這樣的疑惑，如果男朋友很帥很優秀，就覺得自己配不上對方，擔心他會被別人搶走，就連一貫自信滿滿的歐普拉竟然都有這樣的想法。

其實大可不必有這種想法，要知道「郎才女貌」並不是愛情唯一的標準，雖然大家在愛情這件事情上都會以貌取人，但相貌所佔的比重畢竟有限，就像歐普拉一路走來也並不是靠外表取勝，女人在愛情中的地位是由多方面的因素決定的——他既然愛你，自然有他的理由。

「你怎麼會跟他在一起啊」、「你們一點都不合適」，我們常常能聽到這樣好心好意的勸告。但是聽得多了，未免會有些厭煩。聽得多了，有些人就開始在內心懷疑：我們是不是真的不合適啊？是不是分開會比較好？

愛情是兩個人的事，雖然說當局者迷，旁觀者清，但要相信最瞭解你們的感情的還是你們自己，只要心中有愛，管它「郎才女貌」也好，「女才郎貌」也罷，全都無所謂。

你的好惡與我何干

多年來社會大眾一直對歐普拉的感情生活抱有濃厚興趣，而歐普拉則把這些看作是笑料。西元二〇〇三年四月十五日在自己的節目上，歐普拉幽默輕鬆地講述了自己的故事，甚至還提起了大眾對她什麼時候結婚等敏感問題。她以玩笑方式戳穿了一些虛假的小報消息，並對那些關於自己的故事進行了嘲諷，包括西元二〇〇二年九月的那篇關於葛藍姆的第二個計畫的文章〈在他的膝蓋上〉。

這些故事還在繼續，但對於歐普拉和葛藍姆來說這已經不重要了。

雖然歐普拉對大眾的影響力驚人，但她卻從來不會讓別人影響到她的生活，在她看來，她的生活只關乎她自己的事，也不在意別人的比手畫腳。

我們不需要永遠活在別人的認可裡，快快樂樂地為自己活，瀟瀟灑灑地「自戀」，哪怕別人把自己當成「精神病患者」，我們也要做一個快樂的「美人症患者」。如果你追求的快樂是處處參照他人的模式，那麼你的一生只能悲哀地活在他人的陰影裡。事實上，人活在這個世上，並不是一定要壓倒他人，也不用為了他人而活，一個人所追求的應當是自我價值的實現以及對自我的珍惜。

一個人是否實現自我並不在於他比別人優秀多少，而在於他在精神上能否得到幸福的滿足。過分強調別人的看法，那樣只會徒增煩惱。最重要的莫過於自己的體會，把那些不相干的議論丟到一邊，學著做一個有主見的人。重新回歸自我，你才能真正快樂起來。香港著名作家亦舒說得很明白：「人生短短數十載，最要緊的是滿足自己，不是討好他人。」

許多人在很多情況下活在別人的世界裡，導致心有所羈，以至於自己的心情不能平靜，自己的潛力無法發揮。日本京碧寺的山門有一塊匾額，上面的「第一議諦」四個大字是二百多年前洪川大師的手跡。可能許多人不知道，就是為了寫這四個字，洪川大師寫了八十五遍！洪川大師是一個嚴肅認真，追求完美的人，在他的影響下，他的一個弟子更是有過之而無不及。當天寫這四個字的時候，恰巧這個弟子在一旁磨墨觀看。大師每寫一幅字，這位弟子都搖頭。大半天過去了，洪川大師耐著性子一連寫了八十四幅字，都沒有得到弟子的認可。後來，這位弟子上廁所，洪川鬆了一口氣，於是，洪川在心無所羈的心境下，自由自在地揮就第八十五幅「第一議諦」四個大字。弟子回來看到這幅字的時候，忍不住翹起大拇指贊嘆道：「師傅，這幅字是精品啊！」

可見，我們萬萬不可在別人的眼光中迷失自我。

行善不能只捐錢，還要捐心

西元一九八八年六月四日，歐普拉回了一趟家鄉，並在當地實行了一次善舉。歐普拉花費了八年時間，在當地成立了歐普拉男孩女孩俱樂部（Oprah Winfrey Boys And Girls Club），該俱樂部成立於西元二〇〇六年，耗資五百萬美元。

男孩女孩俱樂部為人們帶來了許多好處，少女懷孕率下降了，青少年犯罪率也下降了，肆意破壞公物的行為也幾近消失了。

歐普拉作為娛樂界的慈善家是享有盛名。她將收入的十分之一投入慈善事業。她特別關注教育領域，建立了私人的慈善組織「歐普拉・溫佛瑞基金會」，支持全世界婦女與兒童的教育。歐普拉捐獻了數百萬美元，希望給那些有天賦但是上不起學的人提供更好的教育機會，她還是「為了更好的機會」組織的全國發言人，這個組織為有學術才能的中學生提供機會上全國最好的預備學校。

很多人認為「捐錢」就是慈善，其實捐錢僅僅是慈善的第一步，甚至只是一小步。大多數的慈善行為都僅僅停留在「捐錢」這一步，而「錢」要轉變成真正的「愛心」還需要走很長的路，需要用大量的時間和精力去實施。很多有錢人都做慈善，但並不是每個人的慈善行為都能有很好的收效，原因就在於此。

歐普拉知道，善款如果不能得到有效的利用，如果不能真正用來幫助那些需要幫助的人，那麼無異於是浪費和作秀。因此，她不僅捐錢，而且捐愛心，一邊工作一邊籌建男孩女孩俱樂部，她要讓她的五百萬美元發揮最大的作用，每一分錢都要用來促進當地青少年的健康成長。事實證明，她的這份心血沒有白費。

在臺北市萬華賣刈包的廖榮吉，每逢農曆年都席開百桌辦流水席，宴請街友吃尾牙。從租用棚架、桌椅，到找人煮飯、端菜通通要錢，偏偏景氣差、善款縮減，有心人改捐食材及鍋碗瓢盆，捐食材固然好，但有時候愛心來得太晚，讓刈包吉好困擾。不過，為了讓街友們能年年感受溫暖，刈包吉努力不讓街友宴斷炊，出錢出力延續愛心。因為吃過苦，知道餓肚子的痛苦，所以，廖榮吉除了請善心人士贊助，原本已經把刈包攤交棒給兒子的他，還是會出來賣賣刈包，就是希望多賺一點錢，把一年一度的「街友宴」，辦得更加豐盛一點。

慈善裡面沒有富人與窮人的區別，只有有愛心和肯幫助人的人與需要幫助的和知道感恩的人。

幫助他人，才能使財富發出燦爛光芒

西元一九七八年五月二日，歐普拉在一場學校畢業典禮上，宣佈將以父親的名義設立十項獎學金。三個月後，她開出第一張五萬美元的支票。田納西州立大學基金會執行董事說：「這筆捐助對我們而言具有歷史意義，因為過去我們從未得到如此豐厚的資助。」

在接下來的八年裡，歐普拉不停地資助獎學金，這些獎學金幾乎包攬一切：房間、黑板、書籍、學費以及經費補助。歐普拉還專門設立了「歐普拉獎學金」（The Oprah Winfrey Scholarship Program），為那些有志於將來服務於社區的美國和海外學生提供獎學金。

西元一九九七年九月，她設立「歐普拉天使」網站，鼓勵人們敞開心懷，幫助那些需要幫助的人們。至今，這個網站已經籌集了一千兩百多萬美元，資助促進貧困地區改善教育和住房項目，獎勵那些幫助別人的人。

金錢財富本沒有優劣之分，但因為裝在「愛心」的口袋裡，便變得格外的高貴。如果一個人擁有大量金錢，只是用來購買奢侈品、用來娛樂，那麼他的金錢只是對他一個人有意義。相反，如果一個人的金錢，可以用來幫助別人過更好的生活、用來幫助別人完成自己的夢想，那麼他的財富便擁有了更大的意義。

我們生活在一個人與人組成的社會大群體中，每個人都是這個群體的一部分，如果人人都抱持一份寧可損己也不損人的原則待人處世，那麼整個群體就會在共同獲益的同時，共同發展進步。反過來，如果人人都只為自己著想，有了財富也只想獨自享受，心中充滿自私的欲望，對於想得到的東西不擇手段也要得到，那麼社會就會變得渙散，充滿惡意，人與人之間也會爭鬥不休。

身處群體，人與我之間有不可分割的聯繫。時時為他人考慮，為他人著想，就等於為自己著想。損人利己，雖然短期內能見良效，但時間一長，便是孤立自己。現實中，很多人以低調的姿態做著各種各樣的好事，這種不求回報的姿態，在人與人之間連成了一條充滿善意和關懷的紐帶。這條紐帶愈長，幫助他人愈多，就能得到愈多的幫助，獲得更大的成功。

捐助，讓你的生活獲得滿足

從西元一九九七年起，歐普拉開始大量地捐贈，先是對歐普拉・溫佛瑞基金會捐贈一千二百萬美元，並創立歐普拉天使網（Oprah's Angel Network），觀眾可以從這個網站捐獻資金。「我希望你們能敞開胸懷，以不同的方式來審視世界，」她告訴觀眾，「我敢保證，這樣肯定會讓你的生活愈變愈好。」

西元二〇〇四年的南亞大海嘯造成重大死傷，和二〇〇五年卡崔娜颶風（Hurricane Katrina）襲擊美國後，「歐普拉天使之屋」雨後春筍般出現。西元二〇〇五年到二〇〇六年，歐普拉憑藉天使網的重建專案又籌募到一千一百萬，她支付了歐普拉天使網所有的營運費用，這樣所有的捐助就可以直接用於慈善項目中。

在歐普拉看來，捐助不但不會損傷我們自身一絲一毫，反而會讓我們的生活愈變愈好，因為每個人都是這個社會的一員，只有當這個社會變好了，自身的幸福才會長久。

當然，一個人的力量畢竟有限，因此，歐普拉創辦了歐普拉天使網，所有人都可以利用這個平臺進行捐助，幫助那些受災的人們重建自己的家園。正如中國功夫明星，壹基金創始人李連杰所說的：「我夢想著搭建一個平臺，可以將整個人類的愛心都顯示在這個平臺上……如果我們有一個平臺是專業的、透明的、可持續性的，如果人類有幾百萬人、甚至上千萬人在這個平臺上發自內心地給一點點捐助，一塊錢不少，一百萬不多，加在一起，我們可以改變這個地球。」

曹慶在民國六十九年時，開始了他照顧植物人和游民的生活，並成立最出的「創世植物人安養院」，這就是現在大家所熟悉的「創世基金會」。他離開妻女，帶著行李開始幫助植物人。民國七十五年時，租了一棟房子，成立「創世植物人安養院」，並收容了第一位植物人。此後，曹慶便一直親自照顧病人。並利用贊助人捐款的錢將規模擴大。如今，曹慶雖然是「創世」的董事長，但依然節儉，他不但完成了他的夢想，也救助了無數的植物人。

人類只有聚在一起才能生存下去，而愛心只有不間斷地傳遞，才能點亮更多希望。一個人傳給一個人，全世界的愛心使者聯合起來，去融化那些冷漠的靈魂，溫暖寂寞的心靈，這樣的話，地球同時也能成為我們心靈的家園。

持續的幫助，才是真正的行善

歐普拉為了資助自己的學校創建了歐普拉・溫佛瑞營運基金，後來改名為歐普拉・溫佛瑞領導學院基金。這都是靠她自己資助的。

歐普拉成立「天使網站」的動機就是要鼓勵人們回饋社會。網站一開始就和「人道安家組織」合作，由網站的參與者提供數千個家庭房舍，並成立獎學金。同時提供大筆的獎金，獎勵那些用自己的生命服務他人的人。最早的兩個天使計畫廣為人知：「打造歐普拉屋」，這是一個與「人道安家組織」共同合作的計畫，而「世界撲滿銀行」則是為弱勢孩童募款。

歐普拉有一次在接受WBAL電視臺採訪時說：「我從慈善救助學到了一點，除非你捐助後能保持一種可持續性，否則這就是一種浪費。你倒不如直接拿去當衛生紙。」

和很多名人、富翁的只捐助一次相比，歐普拉的慈善救助行為顯得更加令人欽佩和感動。慈善救助是長期而偉大的事業，偶爾發善心並不能改變人們的現狀。例如很多人自願捐助一些貧困地區的孩子上學，但往往只有三分鐘熱度，資助對方讀完一年書，第二年沒熱情了就停止捐助，那些孩子如果不能順利找到下一個捐助人，仍然逃脫不了輟學的命運。

歐普拉之所以強調慈善救助要具有可持續性，是因為她做慈善不是為了美名、為了炫耀，而是把慈善真正當作事業來做，懷著改變現狀的願望來身體力行。

我們沒有力量立刻改變別人的現狀，但是只要去做，也比袖手旁觀要強上百倍。一個人的力量是如此渺小，一個人的吶喊也是如此微弱，但我們畢竟已經發出了聲音。發出聲音，就有被更多的人聽到的可能。那來自內心深處的責任感，讓正義的人們不放棄希望，不眠不休地與不公正做著抗爭。

正義的人們組成聯盟，其力量自然會壯大。而我們要做的，就是相信還有同伴，去尋找那些志同道合的朋友。就好像在寒冷的夜晚點起篝火，路邊獨自趕路的旅人看見了，一個一個圍攏過來，向著篝火伸出手，呵護著寒夜中的一點希望。最終，這篝火會長久地燃燒下去，把前方的道路照得更亮。

讓每個女孩子都說出「我會成功」

西元二〇〇八年，由歐普拉一千萬美元建立的寄宿學校設立。歐普拉在前南非總統曼德拉的陪同下，為「歐普拉·溫佛瑞南非女孩領導學院」（The Oprah Winfrey Leadership Academy）奠基。

從西元二〇〇〇年到二〇〇六年，歐普拉一直爭取讓南非政府在約翰尼斯堡外二十二平方公里的一塊土地上建一所學校。歐普拉不喜歡原先的學校設計，他們看上去像雞舍或者營房：「我為什麼要為那些來自鐵皮棚的女孩再建鐵皮棚呢？」

政府規劃師告訴歐普拉，非洲的小孩睡在帳棚的泥地上，沒水沒電，有的還會和親人擠在一張床墊上。因此就連最簡單的環境對他們來說都是奢侈。歐普拉不同意他們的規劃，於是聘請自己的建築師。她說：「我在這所學校所建造的一切都是我一直以來夢寐以求的。這樣，那些女孩就會擁有我能想像到的最佳生活環境……都有權利說，『我想要這個』、『我能成功』或『我不該生活在這種地方』。」

學校的學生都是跟歐普拉小時候有相似經歷的孩子，「睡在帳棚的泥地上，沒水沒電」，非洲的小孩難道就天生應該過著這樣的生活嗎？歐普拉發出了疑問。

歐普拉痛恨這樣的生活，她小時候睡在走廊裡時，一定也渴望著能夠擁有一件自己的臥室，一張自己的小床。如今，她有能力讓別的孩子過得更好，就要徹底改變她們的生活，再也不過從前那種日子，她為這些女孩們創造了她小時候夢寐以求的生活以及學習環境，讓她們可以像白人的孩子那樣在舒適的環境中成長，而不再像以前那樣從一生下來就輸在了起跑點上，她相信，黑人孩子一樣可以很優秀，只要她們得到支援和機會，都可以獲得成功。

歐普拉在努力創造這樣的一種環境，一個機會均等的環境，一個每個人都有權利說「我能成功」的環境，因為只有在這種環境下，人才有可能透過自己的努力改變自己的命運，才有可能爆發出最大的潛力，為自己創造幸福、為社會創造價值。

感謝傷害，讓我學會付出

西元二〇〇二年，歐普拉計畫為五萬五千名非洲孩子送上「耶誕節善意」（Christmas Kindness）。她從歐普拉‧溫佛瑞基金會和哈波娛樂公司選了一些員工，還選了幾個朋友組成小團隊。他們和尼爾森‧曼德拉基金會（Nelson Mandela Foundation）合作了一年，想給從未收到過禮物的小孩創造一個難以忘懷的二〇〇二年耶誕節。

他們準備了三十萬份禮物，從夏天開始花了好幾個月才包裝好。歐普拉去了曼德拉出生的小鎮庫奴（Qunu），為六千五百個孩子分發禮物，並錄製了當時的活動。「這耗費了我七百萬美元，但卻是我所度過的最棒的耶誕節。」

歐普拉說這個耶誕節是她度過的最棒的耶誕節，相信這是發自內心的說法，當一個人不但能夠讓自己豐衣足食，還有能力讓別人過得更好更快樂的時候，那種價值感和幸福感是油然而生的。

上天平等地關愛世上每個人，所以人應當像愛護自己一樣愛護他人。這是一種敬天愛人的觀念。一個人想要讓人生更加豐富，最好的辦法就是讓自己保持始終如一的付出與感恩。不僅要感恩幫助我們的人，更要感恩傷害我們的人，因為他磨練了我們的心志。也就是說，要感恩所有使我們堅定成就的人。

付出不單是一種責任，更是一種享受。我們對別人好的時候，也是對自己最好的時候。我們要善待自己，更要善待別人，愛人者，人恆愛之。愛是世界上最知回報的感情。你給出多少，它就回報給你多少。

世界是由許多人組成的一個整體，人與人之間需要尊重和理解。有的人可能有權力非公平地對待其他人，但這種態度，將會使人最終「自食其果」，因為別人也可能用同樣的方式對待他。

連加恩在西元二〇〇一年到西非布吉納法索擔任替代役男，在當地推行「三包垃圾換一件衣服」的活動。由於幫助當地窮困居民的成績斐然，讓這名自願到非洲窮鄉僻壤服役的六年級生，顛覆了大家對當兵的刻板印象。連加恩的傳奇故事傳誦一時，即使退伍後，連加恩仍帶著新婚愛妻重返非洲一年，在當地創辦孤兒院與肥皂就業工廠。據連加恩說法是：「好命的孩子應該比別人付出更多，這樣好命才有意思」。

如果你覺得不幸福不是因為你得到的太少，而是給予的還不夠。

所以勇往直前吧。跌倒吧。你會從地上看到一個不同的世界。

如果你有一億美元，你會做什麼？

有一年，歐普拉宣佈她將和金氏世界製片公司（King World Productions）續約，開始著手創作新的電視節目。她提前收到一．三億美元。歐普拉重新變得富有起來，思想也開始豁然開朗了。她創制作了名為《改變生活》的電視節目。並以一首古老的聖歌為基礎創作了一首新的主題歌曲，而且由她本人演唱：「我堅信自己會繼續奔跑，直到看到未來。」

有媒體評論道，歐普拉用這一億美元把一半的美國人給洗腦了。

歐普拉最大的快樂並不是賺錢，而是對錢的運用。一般人是從貪欲心中去追求快樂，從個人自私中去佔有快樂，從物質享受中去尋找快樂。而想要獲得內心真正的平衡，我們一定要掃除自私自利的觀念，淨化自己的身心，變化自己的氣質，從奉獻中獲得快樂。

如果你說，我沒有什麼東西可以奉獻給別人，不像歐普拉，「有能力為大眾服務」、「有智慧貢獻給大家」，其實我們有一樣可以奉獻：至少你看到別人成功了，能給人一句讚美的話，哪怕是給人一個笑容，點一個頭，為人感到快樂……這些都可以算是奉獻。所以，奉獻不一定講究物質上的給予，而是在付出一片真誠的心。

我們要有舍我其誰的擔當氣魄，對待朋友、師長、父母也要有一片至誠懇切的真心，對於所信仰的成功更是要有一片信心。所謂奉獻，不外奉獻出我們一顆真誠的心，這是最寶貴的。

任何人只要打開心窗都能做善事，西元二〇一〇年富比士雜誌評選為亞洲慈善英雄，又上了美國《時代》雜誌年度百大影響力人物的臺東愛心菜販陳樹菊，就是最好的例子。

陳樹菊國小學畢業後開始賣菜養家，不僅讓哥哥讀完大學，還將弟妹拉拔長大，本人卻至今未婚。因為從小生活困苦，陳樹菊幾乎每天只吃一餐，長年吃素的她，每天生活花費不到一百元，幾乎天天吃白飯配罐頭麵筋。她過著刻苦的生活，把賣菜所得都拿來捐助學校和弱勢兒童。陳樹菊說她「捐款助學的每一塊錢，都是自己三把菜五十元長期叫賣所賺來，並不是多偉大的事蹟。……錢要給需要的人才有用。」

以奉獻為樂的人，其提升自我的人格不但比一般人快速，心中也比一般人有能量，有能量就會有氣勢。當你真正去關心別人的時候，心裡也會暖暖的，氣勢也會油然而生。

我透過交換改變世界

歐普拉曾經說過：「假如我們每個人願意引導彼此，那麼看似無止境的世代貧窮和絕望就可以消除了。你在學習的同時也在教授。你得到的同時也在給予。這就是你改變世界的方式，一次改變一個生命、一個家庭。」

小時候的貧窮生活讓歐普拉從小對財富產生了極大的渴望，但當她累積了大量財富之後，就想到了那些和她小時候一樣貧窮的孩子們，於是，她開始大量給予。

很多人只是一味索取，但他們快樂嗎？當他們不斷獲取財富的時候，他們喪失了更寶貴的東西。而懂得給予的人，不僅感動了別人，更讓自己充滿快樂。或許，我們的給予，不能立刻得到物質的回報，但日子久了，不經意間，一抬頭，你會驚喜地發現，自己曾經播下的種子已經長成一棵大樹，原本冷漠荒蕪的世界，因為你的努力，變成了充滿愛和生機的樂園。

耶誕夜，比爾的哥哥送給比爾一輛新車作為禮物。一個小男孩在他的新車旁走來走去，並不時觸摸它，臉上滿是羨慕的神情。

小男孩抬起頭問道：「先生，這是你的車嗎？」

「是啊，」比爾說，「這是我哥哥送給我的禮物。」

小男孩說：「哇！我希望……」

比爾原以為小男孩希望的是也能有一個這樣的哥哥，但小男孩說出的卻是：「我希望自己也能當這樣的哥哥。」

如果是你，你願意作接受禮物的弟弟，還是給予禮物的哥哥呢？

年僅二十六歲的補習班英文老師陳敬安，因為生長在單親家庭，能體會弱勢家庭孩子困境，他一餐吃飯不超過五十元，捐款卻很捨得，年收入兩百萬元，已連續兩年各捐出一百五十萬元。陳敬安說，「錢放在那裡就只是數字，夠用就好，捐給最需要的人，最有意義」。他說，人生無常，能及時行善，有能力幫助別人總是幸福，這也是給自己最好的生日禮物。得到的同時給予，給予的同時也在得到。給予本身，便是一種回報。

也許現在你能夠給予的並不多，但是每一份給予都會結出果實，哪怕一次只能改變一個生命，一年、五年、十年下來就能改變許許多多個生命，而且，當你開始這樣做，就會帶動更多的人這樣做，於是，世界也將因你我而改變。

即使在最陰暗的角落裡也有愛

媒體評論歐普拉的節目有些時候「聳人聽聞」，歐普拉說：「我反對聳人聽聞這個字眼，非常反對。我不做聳人聽聞的節目，我只是把生活中那些聳人聽聞的現象展示出來。我覺得真正聳人聽聞的是生活，如果生活中存在聳人聽聞的事情，我應該報導出來、講述出來、並在最後告知人們，我們的心中還有愛，我們應該更警醒一點，然後好好過生活。」

歐普拉在這番話中表示了非常明確的態度，在節目當中要尊重事實，但絕不消極悲觀。在殘酷的現實之下，她拒絕自欺欺人，要告訴給觀眾真相，但這絕不是悲天憫人的節目，而是為了從世界的陰暗面裡尋找愛，激勵人們好好過生活。

的確，這世界不可能不存在陰暗面，我們無法逃避只能正視，而當我們愈是正視它，就愈有勇氣去改變它。一個對生活極度絕望的少女，打算以投湖的方式自殺。在湖邊她遇到了一位正在寫生的畫家，畫家專心致志地畫著一幅畫。少女心想：那鬼一樣猙獰的山有什麼好畫的？那墳場一樣荒廢的湖有什麼好畫的？畫家看出了少女的心情，但並沒有說什麼。過了一會兒，畫家說：「小姑娘，來看看畫吧。」

少女走過去，又看了看那張畫。頓時，少女被畫面吸引住了，在畫裡，「墳場一樣」的湖面成了天上的宮殿，「鬼一樣猙獰」的山成了美麗的、長著翅膀的女人。而這幅畫被命名為「生活」。畫家突然揮筆在這幅美麗的畫上點了一些黑點，似污泥，又像蚊蠅。少女驚喜地說：星辰和花瓣！畫家滿意地笑了：「是啊，美麗的生活需要我們自己用心發現的呀！」

以童星起家的紀寶如有一段悲慘的遭遇。老天爺似乎特別愛捉弄她，所有女人不願意碰的事，像是先生外遇、離婚、喪夫、到酒家上班、做第三者她都經歷過了。紀寶如的媽媽是父親外遇的對象，襁褓時紀寶如就交由祖母撫養，五歲半因緣際會成了亮眼的童星。十八歲懷孕結婚，後來丈夫被燒死，為了扶養小孩，她下海到酒店上班，數年間自殺一直沒有成功。現在的紀寶如，告別酒精挾制，積極投入慈善工作並轉行從事殯葬業，紀寶如終於從自己的人生悲劇中走了出來，把自已的遭遇寫成書，化生命淬煉為撫慰靈魂的力量。

當生活中的陰雲和不測來臨，許多人選擇用抱怨和悲傷去迎接生命的各種遭遇。殊不知，如果你戴上灰色的眼鏡，你的天空自然是灰的，只要你正視它，就能發現苦難之下，生活有著別樣的美麗。

發現別人心中的愛和美好

西元一九八七年十一月，歐普拉去了肯塔基州的邊境，那裡愛滋病蔓延形勢嚴峻。有個被傳染的年輕人去公共游泳池游泳，市長聽聞他故意劃傷自己試圖傳染給別人後，下令大力清洗該游泳池。之後，得病的年輕人和指控者們一起上了歐普拉的節目。

指控者紛紛說，年輕人得病是上帝的旨意，他到公共泳池的行為讓人厭惡。歐普拉給予每個人發表意見的機會，她最後評論道：「聽說你們這個社區的人都很虔誠，可是你們那些虔誠的愛和理解都到哪裡去了呢？」指控者說不出話來，一旁的聽眾開始鼓掌歡呼，歐普拉又一次得到了如潮好評。

歐普拉說：「我真的為電視脫口秀節目感到驕傲，我每天都企圖讓人們獲得力量。對其他人來說，我期望人們藉由收看我的節目，體會到他們該對自己的人生負責任。我想，對於那些開始更深入思考自己與自我人生的人，我就好比是一個催化劑。」

在這起愛滋病事件中，歐普拉這番出人意料的評論讓現場的觀眾為她拼命鼓掌，那位被指控的年輕人心裡大概也十分感動。在這件事情上，幾乎每個人都是站在批評年輕人的角度來看問題，而歐普拉則試圖做到真正的公正和博愛。

那位被控告的年輕人被傳染上愛滋病，他是如此不幸，他這種行為雖然令人厭惡，但沒有人想過他為什麼會做出這樣的行為，沒有人想過他本身也承受著巨大的痛苦，如果人們都來指責他、控告他，只會讓他心中滋生出更多的仇恨，這對任何人都沒有好處，也不是解決問題的辦法。歐普拉拋出的問題，讓人們得以反省，得以清醒公正地來看待這件事情。人都是有感情的，每件事情不能只看結果利弊，人性中的很多東西都值得我們去關注、去思考。

身為一個電視節目主持人，歐普拉無疑做到了很重要的一點，那就是，不僅僅要讓觀眾瞭解真相，還要引導人們朝著正確的方向思考，啟發人們心中的愛和所有美好的情感，難怪會有這麼多人愛她。

建立信念比獲取金錢更重要

歐普拉曾經收養了十個孩子，並給他們買了一所大房子，但她第二年去看他們的時候卻感到非常的失望：這些孩子被昂貴的名牌手機吸引，談論的話題都是手機、運動鞋以及把頭髮燙直這類話題。

歐普拉意識到，她給予這些孩子的物質似乎很多，但卻忘記灌輸他們最重要的價值，於是她決定今後不再給他們帶「許多禮物」，而是讓他們每個人選擇一個和他們的家庭一樣貧窮的家庭，利用假期為這些家庭做些什麼。

從給予金錢到給予信念，歐普拉的慈善之路有了一次巨大的轉變。她意識到，那些貧窮的孩子缺少的不僅是錢，更重要的是奮鬥精神。如果沒有精神力量支持，再多的金錢也無濟於事，反而會讓這些孩子貪圖享受、不知進取，更無從談起改變自己的命運。

正如歐普拉所說的，她之所以花費這麼多錢去教育黑人小孩子，願意為「只為優質生活」活動投入一千萬美元，幫助市中心的孩子走出了貧民區，上了私立學校，這是因為她知道從此以後他們的生活將發生改變。

一個人要改變自己的生活，最重要還是要靠價值觀和信念。當年的歐普拉，沒錢沒地位，沒臉蛋沒身材，僅僅是靠著改變自己命運的強大信念一路奮鬥到了今天，這種信念比金錢更值錢，因為它能夠讓你收獲財富。如果一個人缺少這種信念，那麼即使他有錢也不會懂得有效地投資利用，總有一天會坐吃山空。

台塑集團前任董事長王永慶，從小是個「唸書時的成績總在最後十名內」、進米店做小工「只知道終於有飯吃」的窮孩子，不過秉持著勤勞、努力、刻苦，終於在塑膠王國裡所向無敵。王永慶終其一生以「追根究底、實事求是」態度經營企業。台塑集團被譽為臺灣經濟奇蹟的象徵，王永慶也被各界譽為「臺灣的經營之神」。王永慶認為，成功既沒有祕訣，也沒有捷徑。有人問他成功最重要的因素，他說：「刻苦耐勞，從基層幹起」，這就是導致他成功的信念。

明白了這一點，我們就瞭解了人生中最重要的東西，決定一個人一生的是信念，決定一個人與另一個人的差別的也是信念。給予信念比給予金錢更重要，堅定信念比獲得金錢更重要。

給再多的錢都比不上教他一技之長

歐普拉幫助一個家庭走出貧民區後，進而想幫助一百個家庭脫離困境。然而，她的想法引起廣大媒體的注意後，卻給芝加哥的救濟金受益人留下這樣的印象，即歐普拉打算幫他們脫離貧窮生活。

於是歐普拉要求改寫申請表，在上面註明：我們不會給你買個家。然而八個月的時間過去了，歐普拉耗費八十四．三萬美元的鉅資後，突然撤銷了基金會。她發表了簡要的聲明：「……我在這個專案上投資了近一百萬美元，大部分花在開發和管理上，這根本不是我的打算……現在，我想……弄明白如何引導各個家庭變得自力更生。」

幫助別人當然是好事，但是到底什麼樣的幫助才能從根本上解決問題？授人以魚不如授之以漁，如果只是簡單把金錢或者食物等等送出去，只能解決表面的問題。就好像學生時代幫助功課不好的同學那樣，不是簡單地把作業借給他抄寫，而是講授給他解題的方法。無意義的幫助反而極有可能會造成受助者不勞而獲的心態，不僅對受助者自身，對整個社會的發展也沒有好處。

向一個陷入困境的人伸出熱情之手，給予他無私的幫助的確是重要的，但更為關鍵的是，我們還應讓他意識到自己的自尊和價值——只有充分相信自己，才有決心去擺脫磨難，去證明自己絕不是一個弱者。

臺灣「公關教父」白崇亮十二歲那年，由於二二八事件，他的名導演父親被羅織入罪槍決，母親隨之陷入沈默與憂鬱，家庭從此籠罩在恐懼不安中。孤獨隔絕的童年，讓他格外善感，早早便發覺自己性格中的柔軟與溫暖；於是順著這樣的特質，進入公關廣告業。西元一九九三年他加入臺灣奧美公司（Ogilvy & Mather），四年後升任臺灣奧美整合行銷傳播集團董事長。身為領導者的他甘願沉潛臺下當個觀眾，靜靜欣賞團隊的精彩演出，幫助同事及屬下成長。他說，「幫助別人成功，是我最大的喜悅。」

陷入困境的人真正需要的不是高傲的施捨、同情，而是讓他們重新站起來的勇氣和機會。

如果有人傷害他人，就該受到處罰

歐普拉作為童年性侵害受害者的代表，於西元一九九一年向美國參議院司法委員會提出支持兒童性侵害的強行宣判的請求。「我們必須讓公眾明白，我們非常重視兒童。如果有人傷害了他們，就會受到懲罰，沒有協商的餘地。」

西元一九九三年，歐普拉發起全國兒童保護法案，建立了一個受指控的兒童性侵害者資料庫。多年後，她在個人官網上創建以自己名字命名的兒童性侵害受害者名單，追蹤兒童性侵害罪犯。

西元二〇〇五年十二月，該名單上有十名男子，十五個月後，當中的五名遭受逮捕。歐普拉提出懸賞給提供關鍵資訊、促成罪犯被捕的人十萬美元。到了西元二〇〇八年九月，這十人之中已有九人被抓。至少有三次，歐普拉給那些告發罪犯的人懸賞了十萬美元。

童年時被性騷擾的經歷對歐普拉後來的所作所為產生了很大的影響，除了拍攝了很多與之相關的電視節目，歐普拉還積極地從各個方面著手幫助那些和自己當年一樣的受害者，她能夠體會那種受到傷害有苦說不出的痛苦，能夠理解那些受傷的孩子是多麼希望有人能夠站出來幫他們懲治那些惡人，她把自己多年來心中的恨化作對那些受傷兒童的愛，給予他們更多的保護。

愛是付出和行動，能夠激發這樣的「愛」，需要心中的正義作為動機。世界本來就不公平，但我們生活在這裡，所以我們別無選擇。凡是有能力、有餘裕的人都有義務、有責任去幫助那些一無所有的人。

世界是一個村落，這個村落現在正在變得愈來愈小，使得人與人之間的距離也愈來愈短。但是，心與心的距離有沒有隨之縮短？大部分人不會主動去縮短距離，當然也不會有意切斷這種距離，他們心中懷有正義，只是那力量不夠強大。極少數人在想著如何把這距離在擴大，這些人心中的正義被罪惡所絆倒了。剩下的極少數人，致力於縮短這樣的距離，掃除不應存在的障礙。這樣的人時刻都處於危機感之中，認為自己做得不夠多，自己的力量太小，所以要不斷努力，去實現愛與和平的願望。

機會是留給願意嘗試的人

歐普拉在一場演講時提到：「身為一位黑人女性，我發現自己無能為力，受那些既缺乏理智而又不公平的人們欺負。我無能為力，因為我一直努力想贏得一些人的喜愛，殊不知這些人連自身都不屑一顧。我真的非常無能為力！因為我相信這個世界就像是一場浩大的名聲比賽。我如果不能贏了這場比賽，就得接受自己身為女性的這個失敗，甚至是身而為人的失敗。」

歐普拉無疑是一位鬥士，她明白，生活和工作中的每一次戰役都有失敗的可能，但是如果因為害怕失敗而不去戰鬥，那就根本沒有獲勝的可能。所以，如果想要贏，就得先輸得起。

失敗只不過是通往成功途中的一個小站，「跌倒了再站起來，在失敗中求勝利。」無數的人都是這樣成功的。卡內基說：「一個人如果能夠在面對困難的時候，在衣襟上插著花，昂首闊步地向前走，那麼他就永遠不會成為失敗者。」錯誤和失敗是不可避免的，甚至是必要的；他們是行動的證明——證明你正在做著事情。你犯的錯誤愈多，你成功的機會就愈大，失敗表示你願意嘗試和冒險。奮鬥者應該明白：每次的失敗都使你在實現自己夢想的道路上前進了一步。

孟子說：「故天將降大任於斯人也，必先苦其心志，勞其筋骨，餓其體膚，空乏其身，行弗亂其所為，所以動心忍性，曾益其所不能。」挫折並不是什麼壞事，相反地，挫折可增長經驗，經驗能豐富智慧。

生活中難免要遇到各種各樣的問題。每次面臨進退的選擇，當你感到有恐懼和疑慮時，就如同面臨一條攔路的小河溝，其實你抬腿就可以跳過去，就那麼簡單。在許多困難面前，人需要的，只是那一抬腿的勇氣。在競爭中，贏得起，也輸得起的人，才能夠取得大的成就。成功的人不是從未曾被擊倒過的人，而是在被擊倒後還能夠積極地往成功之路不斷邁進的人。

所以，正確對待挫折，把人生中的每一個絆腳石當做墊腳石來對待，你就會發現，挫折只是黎明前的黑暗。

小姊妹俱樂部，是我的愛

歐普拉不只是對年輕人演講，帶他們玩，她想做更多的工作去幫助這些黑人年輕姑娘。她動員自己的女性員工聯合芝加哥一項住房專案的年輕女孩子成立了「小姐妹」俱樂部。要想一直留在這個俱樂部裡，女孩們必須遵守兩條規定：在學校表現得非常好，而且不可以懷孕。

歐普拉帶這些小女孩去圖書館，讓她們看書；她還為她們提供字典，讓他們必須每天學五個新單字。

歐普拉特別「警告」這些小姑娘：「要是敢懷孕，我就撕破你的臉！別告訴我你這輩子想幹什麼大事，但是卻連跟一個男孩說不的勇氣都沒有。你期待有東西去愛，去呵護是吧？告訴我，我幫你買一隻小狗。」

西元二〇一一年，歐普拉南非學院第一屆學生畢業了。這群畢業生的畢業率高達百分之百，並且所有的女孩都被南非或美國的大學錄取。歐普拉說：「我感到最驕傲的一點不是我期待的學習的成績。我感到最驕傲的是，他們每個人都被大學錄取，每個人都將去上大學，我們為此建立了一個支持系統。但更為重要的是，他們每個人是帶著優雅和高貴的品格走出這個學院。他們的真誠、他們的品格和他們的善良是每位父母所希望看到的，這就是作為父母的你們所想要的。」

當這些女孩踏出人生旅程的下一步時，已經有一個支持團隊在為他們作後盾。當他們學習如何管理自己的生活、財務以及計劃他們的未來時，可以向諮詢人員諮詢。自從歐普拉進入了他們的生活，對於他們所有人來說，未來看起來無疑更加光明。

歐普拉自己取得了巨大的成功，也希望那些和她小時候一樣的黑人小女孩同樣能夠走上成功的道路，她用自己親身的教訓和成功經驗來教導這些女孩。她自己深知懷孕對自己的傷害，因此決不允許她們懷孕，她也深知優異的成績是成功的前提，因此要求孩子們必須努力學習。歐普拉就像一個大姊姊，既讓這些小女孩感受到愛，又讓她們學會奮鬥，這比給她們大把大把的錢更有幫助。

這世界上有錢人太多了，給點錢不算什麼，教給別人成功之道才是最可貴的事情。「授人以魚不如授人以漁」，最有價值的不是金子而是點金術，無論何時我們想要幫助一個人都要牢記這一點，如果我們每個人都能像歐普拉那樣，把自己人生的經驗和教訓傳達給後人，讓更多的人能夠成功，那麼這個社會一定會變得更好。

我用節目撫平千萬人的傷痛

歐普拉篤信精神的力量，她主持了一個節目，名為「銘記心靈」（Remembering Your Spirit），節目的主旨在於改變生活，改變心態。歐普拉說：「全世界把我界定為一名脫口秀主持人，但是我知道自己不止承擔著這個角色。我把自己的靈魂和更偉大的靈魂密切相連。」

在「銘記心靈」節目現場播放著柔和的音樂，配合著柔和的燈光，歐普拉標新立異地在舞臺上擺放著大理石浴缸，歐普拉坐在裡面，誦讀靈魂頌歌。她建議觀眾嘗試著在浴缸裡集中精神，「這樣你會覺得愈來愈回歸本我，你會漸漸變得比任何人都好。」

西元二〇〇一年美國發生九一一恐怖攻擊事件後，歐普拉製作了一檔以「音樂撫慰我們的心靈」（Music to Heal Our Hearts）為題的節目，用音樂安撫傷者的心靈。那一檔節目中，歐普拉著重於以情感人，講話時也很注重張弛有度，既能讓觀眾感覺到哀傷，也能讓觀眾從哀傷中看到希望，音樂的主題也十分豐富，既有幽默、歡樂，也有悲傷、哭泣，在多元形式的音樂聲中，悲痛中的觀眾們終於重拾信心，重新燃起了對生活的期望。

歐普拉是真正把她的工作當做一份事業在做，「脫口秀主持人」不過是一個職位，這個世界上除了歐普拉，還有千千萬萬個脫口秀主持人，但是，歐普拉只有一個，因為她在這個職位上做著一件偉大的事業，那就是「將自己的靈魂和更偉大的靈魂密切相連」，撫慰人們的心靈，治癒精神的創傷，因此她也被稱為是美國人的心靈女王。

在「銘記心靈」節目中，歐普拉邀請約魯巴神父和勵志作家伊嚴拉．萬薩特勸導女性朋友，幫助她們在生活中找到關愛和意義。還請到了金融界作家蘇西．歐曼（Suze Orman），告訴觀眾「你的自尊就等於你的價值」、「要想變得富有，就需要消除不良情緒，相信自己注定會變得富有」的心態。

我們常常關注名譽、關注金錢、關注地位，卻往往忽視了關注自己的靈魂，歐普拉讓大家銘記心靈，成為內心更強大的人，而觀眾不但銘記了心靈，也銘記了歐普拉。

童年，我該怎麼走出來

很多年裡歐普拉一直在努力適應過去的那些傷害。當她利用自己悲慘的童年故事幫助他人時，同時也在幫助自己。她超乎常人的控制欲，對關注的渴望，從認可中獲得的巨大滿足感……，這些與她童年時的遭遇息息相關。那種想要擺脫噩夢的強烈願望，促使歐普拉用最大的努力去追求前所未見的成功。她用這樣的方式，努力縫合著童年的苦難。

在兒童性侵害問題引起社會關注之後，歐普拉將她的社會魅力在某種程度上轉化為政治魅力。西元一九九一年，歐普拉提議了一項法案——全國兒童保護法案（National Child Protection Act），建立一個虐待兒童罪犯全國資料庫（a national database of convicted child abusers）。為此，她在參議院司法委員會上作證，推動法案的通過。西元一九九三年十二月，美國總統柯林頓（William Jefferson "Bill" Clinton）簽署了這項旨在保護兒童免受性虐待的聯邦法律——這項由歐普拉努力奔走、大力促成的法案，被暱稱為「歐普拉法案」（Oprah Bill）。

一個人童年時期的成長經歷會對他一輩子的人生觀和價值觀產生不可磨滅的影響。在成長過程中，無論生理需求還是情感需求都能得到滿足的孩子，長大後往往比較有安全感、寬容而且開放，但也容易安逸而滿足於現實。相反地，在生理上、情感上得不到滿足的孩子，長大以後戒心比較強，得到手的東西絕不輕易放手，想要的東西也拼命去得到，對於成功和名利有更大的渴望，往往比別人更懂得自力更生和全力以赴。

正是這種想擺脫童年惡夢的強烈願望，讓歐普拉孕育出對成功的巨大渴望，她決心不再過從前的那種生活，並願意為此付出巨大的努力。

如果每個人童年時期遭受的痛苦，都能像歐普拉這樣轉化成為內心的動力，促使自己走上卓越的道路，那麼那些噩夢就因此而具有了偉大的意義和價值。強烈的渴望的確能夠轉化人們心中的願望，就是要一而再、再而三的要求自己行動，前進再前進，絕無絲毫鬆懈。

想像夢想成功的滋味，或是吸取失敗的教訓，都能強化追求成功的渴望強度。成功的人之所以奮鬥不懈，都是因為有強烈的渴望在背後支持著。當別人停止時，他還在前進；當別人前進時，他正大步奔跑。最終的結果就是，不斷激發成功渴望，讓自己擁有持續前進的動力，「忍人所不能為」，克服一切的困難，達到成功。

附錄：歐普拉年度大事記

1954年　出生

1963年　搬去密爾瓦基住，被表哥和其他人性侵

1968年　未婚懷孕，並產下一男嬰，男嬰夭折後進入東那許維爾高中

1970年　高中讀書時曾經為了男友吸食毒品。代表納什維爾WVOL電臺獲得「防火小姐」稱號，並被選為第一位「田納西州黑人小姐」。

1973年　一邊在當地電台打工、一邊主持夜間新聞節目

1971年　從高中畢業，獲得在田納西州立大學上學的獎學金，並受雇在WVOL電臺播報周末新聞，有時也播報工作日新聞。

1975年　田納西州立大學休學

1976年　在巴爾的摩的WJZ-TV電視臺當記者和一個晚間新聞節目的聯合主持人，並遇到助理導演蓋爾・金，金後來成為她最親密的朋友。

1978年　在WJZ-TV電視臺，從晚間節目調至早間節目《人們在談論》，任該節目聯合主持人。

1984年　搬到芝加哥，主持WLSTV晨間脫口秀「早安芝加哥」

（AM Chicago）；不出一個月，「早安芝加哥」成為全美收視率最高的節目。1986年及主持「歐普拉・溫芙蕾秀」

1985年　出演電影《紫色姐妹花》中一角，後因此片獲奧斯卡獎提名。

1987年　在離開田納西州立大學十多年後，奧普拉被授予語言表達與戲劇學位，併在學位授予典禮上致詞。被國際電視與廣播協會授予「年度廣播員」稱號，是獲得這一稱號的最年輕的人。

1988年　創建了「哈潑娛樂集團」，買下片場設施，成為擁有片場與製片公司的第一位黑人女性。

1991年　推動國家兒童保護法案（National Child Protection ACT），出席美國參院司法委員會作證，鼓吹建立全美虐童罪犯資料庫。

1993年　柯林頓總統簽發由奧普拉發起的《國家兒童保護法案》並建立全美虐童罪犯資料庫。並且獲得麥克傑克森同意，進入「夢幻莊園」訪問他，這是他十多年來第一次接受訪問。

1996年　推出了「歐普拉閱讀俱樂部」，被授予「喬治・皮博迪個人成就獎」並在「歐普拉秀」中討論狂牛症，一句「再也不吃漢堡了」，牛隻期貨價格暴跌達到10％。

1997年　創立「天使網路」，從全美各州分別選出一位學生，資助他念大學

1998年　獲得「艾美終身成就工作日獎」，《時代》周刊稱她為20世紀「最具影響力人物」

1999年　哥倫比亞廣播公司（CBS）收購「金氏電視公司」。奧普拉購買了「氧氣有線電視網」的一部分股份。奧普拉的公司放映電視電影《與莫里在一起的星期二》。

2000年　發行雜誌《O》，並於數月後出版該雜誌的國際版。

2002年　獲「鮑勃・霍普人道主義獎」。奧普拉與斯特德曼在納爾遜・曼德拉位於南非的家中作客。書籍俱樂部停播。

2003年　《富比世》（Forbes）發表2003年美國財產10億以上富豪名單，成為美國第一位入榜的美人黑人女性

2008年　在史丹佛大學畢業典禮演講

2012年　富比世雜誌的美國最有影響力名人榜榜首

2013年　蟬連富比世雜誌的美國最有影響力名人榜榜首、哈佛大學畢業典禮演講

國家圖書館出版品預行編目(CIP)資料

我是歐普拉 : 從貧民到百億天后的關鍵信念 / 汪仟霖著. -- 初版. -- 新北市 : 大喜文化, 2014.12
面 ; 公分. -- (Hero ; 6)
ISBN 978-986-91045-6-2(平裝)

1.溫佛瑞(Winfrey, Oprah) 2.傳記 3.成功法

177.2 103023031

Hero 006

我是歐普拉

從貧民到百億天后的關鍵信念

作　　者　汪仟霖

發 行 人　梁崇明
編　　輯　蔡昇峰
出　　版　大喜文化有限公司
P.O.BOX　中和市郵政第 2-193 號信箱
發 行 處　23556 新北市中和區板南路 498 號 7 樓之 2
電　　話　（02）2223-1391
傳　　真　（02）2223-1077
E-mail　joy131499@gmail.com
銀行匯款　銀行代號：050，帳號：002-120-348-27
　　　　　臺灣企銀，帳戶：大喜文化有限公司
劃撥帳號　5023-2915，帳戶：大喜文化有限公司
總經銷商　聯合發行股份有限公司
地　　址　231 新北市新店區寶橋路 235 巷 6 弄 6 號 2 樓
電　　話　（02）2917-8022
傳　　真　（02）2915-7212
初　　版　西元 2014 年 12 月
定　　價　新台幣 320 元
網　　址　www.facebook.com/joy131499
ISBN　978-986-91045-6-2